Das Buch

Alterswitze, Kinderwitze, Zeit-Witze, Fußball- und Fußballerwitze, Zoten und Zötchen, politisch korrekte Witze und Witze über Rassismus, Parodien auf die Balladen der großen Klassiker, Beweise gewollter und unfreiwilliger Komik: Witze machen uns in vielen Situationen das Leben leichter, nehmen bisweilen auch dem Schrecken die Schärfe.

Hat Literaturkritiker und Spielshow-Veteran Hellmuth Karasek in seinem Vorgänger-Buch *Soll das ein Witz sein?* die Typologie des Witzes untersucht, wendet er sich hier der Komik zu: Warum erzählt man im Alter andere Witze als in der Jugend? Warum sind Dinge, die gestern nicht lustig waren, heute besonders witzig? Was macht unfreiwillige Komik aus? Was wird in Parodien sichtbar? Und sind nicht alle Witze eine Brücke über den Abgrund?

Der Autor

Hellmuth Karasek war Journalist und Schriftsteller und leitete über zwanzig Jahre lang das Kulturressort des Nachrichtenmagazins *Der Spiegel*. Er war Herausgeber des Berliner *Tagesspiegel* und zuletzt Autor bei *Welt* und *Welt am Sonntag*. Hellmuth Karasek starb 2015.

Lieferbare Titel

Vom Küssen der Kröten
Ihr tausendfaches Weh und Ach
Soll das ein Witz sein?
Auf Reisen
Frauen sind auch nur Männer

HELLMUTH KARASEK

Das find ich aber gar nicht komisch!

GESCHICHTE IN WITZEN UND GESCHICHTEN ÜBER WITZE

WILHELM HEYNE VERLAG
MÜNCHEN

Verlagsgruppe Random House FSC®N001967

Vollständige Taschenbuchausgabe 01/2017
Copyright © 2015 by Bastei Lübbe AG, Köln
Copyright © 2017 der Taschenbuchausgabe
by Wilhelm Heyne Verlag, München,
in der Verlagsgruppe Random House GmbH,
Neumarkter Straße 28, 81673 München
Printed in Germany
Umschlaggestaltung: Nele Schütz Design, München
Originalgestaltung: fuxbux, Berlin nach einem Entwurf von
Uwe C. Beyer, Hamburg
Umschlagmotiv: © Olivier Favre
Druck und Bindung: GGP Media GmbH, Pößneck
ISBN: 978-3-453-41948-3

www.heyne.de

INHALT

Statt eines Vorworts: Von Kant zum Elefant 7

1. Aus gegebenem Anlass: Alt und älter 15

2. Jetzt im Rücken! 23

3. Im siebten Himmel 33

4. »Schön wär's!« 43

5. Gar nicht komisch? Oder schrecklich komisch? 51

6. Im Namen der Rose 57

7. Zucker und Zimt – Achtung, Tabuzone! 65

8. Die Zeit, als die »Witze der ›Zeit‹« erschienen 71

9. Ahaglich, Behaglich, Cehaglich 85

10. Der Mohr und seine Schuldigkeit 103

11. … und freut sich auf den Afternoon 127

12. Der Runde muss ins Eckige –
    Galgenhumor beim Fußball 149

13. Kopfbälle 159

14. Unfreiwillige Komik: Friederike Kempner 169

15. Festgemauert in der Erden 179

16. Der Mond ist aufgegangen 187

17. Zote oder Zötchen? 201

18. Schülerstreiche und die »Feuerzangenbowle« 223

19. Witze, die mit der Sprache spielen und ferkeln 247

20. Coca-Cola im Kalten Krieg 261

21. Frauen, die die Hosen anhaben;
    Männer, die in Fummeln schummeln 269

    Statt eines Nachworts: Menschliches, allzu
    Menschliches, Tierisches, Bestialisches 277

    Quellennachweis 285

STATT EINES VORWORTS: VON KANT ZUM ELEFANT

Pünktlich zum Jahreswechsel wählte die *Welt am Sonntag* in ihrem ersten Themenbuch zum neuen Jahr das Thema »Wie lustig sind die Deutschen?«. Sind wir zu Recht weltweit für unsere Humorlosigkeit verschrien, oder ist dies ein dumpfes Vorurteil? Sind wir wirklich die Nation, die zum Lachen in den Keller geht, die sich auf die fünfte Jahreszeit des Karnevals bezieht und sonst den Kabarettisten ihr Lachbedürfnis anvertraut? Der Lachsack seligen Angedenkens ist schon eine Weile außer Gebrauch. Eckart von Hirschhausen brach für den deutschen Humor in einem langen Interview eine Lanze.

Ich hatte das Glück, mit Eckart von Hirschhausen einen gemeinsamen Abend unter dem Titel »Ist das ein Witz?« zu bestreiten. Die Premiere war in Berlin, in der *Bar jeder Vernunft*, und Hirschhausen tat, was er in fast allen seinen öffentlichen Veranstaltungen macht: Er ging am Schluss ins Publikum und sammelte dort Witze ein. Auf diese Weise hatten wir ein schönes Feedback und lösten die Einseitigkeit des Witzeerzählens von der Bühne herab zu einer Art kommunikativem Stammtisch auf, jedenfalls in Ansätzen.

Damals war Günther Jauch im Publikum, meldete sich im Auftrag von seinem und meinem Freund Marcel Reif zu Wort, um einen neuen Witz beizusteuern. Seit einigen Jahren gehen Günther Jauch, Marcel Reif und ich, unsere Frauen und ein befreundetes Ehepaar von Jauch im Sommer an einem gemeinsamen Abend auf Sylt essen, und das endet zwangsläufig, möchte ich fast sagen, im Witzeerzählen. Die Witze spiegeln sicher auch unsere Gemütslagen, Zeitstimmungen und persönliches Ungemach und Gemach wider. In Berlin also war es der folgende Witz, den Jauch uns öffentlich erzählte:

> Ein Mann in einer Bar. Er hat einen Hund bei sich, den er auf den Tresen setzt. Der Barkeeper bringt dem Mann einen Drink und setzt vor dem Hund einen Blechnapf mit Wasser hin. Der Gast bedankt sich entschuldigend, indem er sagt: »Ich musste meinen Hund auf den Tresen setzen, er hat leider keine Beine.« Der Barkeeper zeigt, auch um seine Verlegenheit zu überbrücken, mit der Frage »Wie heißt denn Ihr Hund?« Anteilnahme. »Ach«, sagt der Mann, »der Hund hat auch keinen Namen, denn wenn ich ihn rufe, kommt er ja ohnehin nicht.« Darauf schiebt der Barkeeper, noch verlegener, die Frage nach: »Was machen Sie denn so mit Ihrem Hund?« Und der Mann antwortet: »Um die Häuser ziehen.«

Eckart von Hirschhausen erzählt den Witz viel, viel kürzer und allgemeiner. Bei ihm lautet der Witz so:

Was macht man mit einem Hund ohne Beine?
Antwort: Um die Häuser ziehen.

Hirschhausen, so habe ich daran gemerkt, kommt es auf die knappe, kurze, kahle Pointe an. Für mich sind Witze eher Erzählungen, die eine Atmosphäre schaffen. Die Atmosphäre des Bar-Witzes ist die vom einsamen Mann, der am Tresen seinen Kummer mit einem oder mehreren Drinks löscht. Es ist der Kummer der Einsamkeit. In einer bestimmten Zeit galten Bartender als die Tröster, Beichtväter und Gesprächspartner der einsamen Trinker. Am schönsten kommt das in dem Frank-Sinatra-Lied *One for my baby and one for the long, long road* zum Ausdruck. Der Witz hat eine Beckett'sche Stimmung. Becketts Figuren und Helden sitzen sozusagen beinlos in Urnen oder in Sandbergen eingegraben, die Heldin des Stücks *Glückliche Tage* steckt bis zum Hals in einem Sandberg, kann sich kaum bewegen, blinzelt aber der Sonne zu und sagt: »Das wird wieder ein glücklicher Tag gewesen sein.« Womit sie den Sonnenuntergang meint, den sie genauso reglos wie den Sonnenaufgang erlebt hat. Um die Häuser ziehen, das ist die entsprechende Beckett-Pointe dieses in Wahrheit trostlosen Witzes, der mit seiner absurden Trostlosigkeit Solidarität und Trost für alle einsamen Bar-Hocker liefert.
Wie gesagt: Ich habe den Witz als Erzählform für mich entdeckt, als eine eigene literarische Gattung, ähnlich wie das Volkslied und das Volksmärchen anonym, und natürlich gibt es sowohl gute wie schlechte Erzählungen, aber immer hat der Witz die Aufgabe, in einem Erzählkreis soziales Mitgefühl zu stiften und dem meist

traurigen Anlass wenigstens ein fröhliches Gelächter zu entlocken.

Hirschhausen erzählt noch einen anderen Witz:

> Ein Berliner, dem sein Fahrrad gerade gestohlen worden ist, sagt: »Ein Wunder ist geschehen! Ich kann wieder laufen! – Jemand hat mein Fahrrad geklaut.«

Dieser Witz ist hier sozusagen seines historischen Ursprungs beraubt. Es ist ein Witz, der sich blasphemisch über Wunder lustig macht, indem er ein Wunder ad absurdum führt. Die Lahmen wieder gehen zu machen, die Toten aufzuerwecken, das sind die Wunder der christlichen Religion. Und der Witz, der hier in Berlin nach einem banalen Fahrraddiebstahl auftaucht, gehört natürlich in den Kontext eines der berühmtesten Wunderorte, nach Lourdes, wo die Mühseligen und Beladenen hingehen, in der Hoffnung, auf wunderbare Weise geheilt wieder abreisen zu können. Also:

> Riesengedränge in Lourdes. Auf einmal hört man einen Mann: »Jetzt kann ich wieder gehen! Jetzt kann ich wieder gehen!« Alle drehen sich nach dem Geheilten um, der ärgerlich fortfährt: »Jetzt haben sie mir mein Auto gestohlen.«

Auch dieser Witz also braucht einen historischen Kontext, eine atmosphärische Umgebung, aus der er nicht beliebig gerissen werden kann, weil er mit den Wurzeln seinen Humus verliert. Auch das macht ihn mit Märchen,

Volksliedern und Kalendergeschichten verwandt: dass er im Lachen oder im erlösenden Gelächter, das eine Pointe auslöst, die Schmerzen zeigt, die die Menschen gerade bedrücken, und sich damit in einen bestimmten Kontext stellt.

Schon Immanuel Kant hat über das Wesen des Lachens und des Witzes keine blanke theoretische Abhandlung geliefert, sondern einfach Geschichten über das Lachen erzählt:

Wenn jemand erzählt: daß ein Indianer, der an der Tafel eines Engländers in Surate eine Bouteille mit Ale öffnen und alles dies Bier, in Schaum verwandelt, herausdringen sah, mit vielen Ausrufungen seine große Verwunderung anzeigte, und auf die Frage des Engländers: was ist denn hier sich so sehr zu verwundern?, antwortete: Ich wundere mich auch nicht darüber, daß es herausgeht, sondern wie ihrs habt hereinkriegen können; so lachen wir, und es macht uns eine herzliche Lust: nicht, weil wir uns etwa klüger finden als diesen Unwissenden, oder sonst über etwas, was uns der Verstand hierin Wohlgefälliges bemerken ließe; sondern unsre Erwartung war gespannt, und verschwindet plötzlich in nichts. Oder wenn der Erbe eines reichen Verwandten diesem sein Leichenbegängnis recht feierlich veranstalten will, aber klagt, daß es ihm hiemit nicht recht gelingen wolle; denn (sagt er): je mehr ich meinen Trauerleuten Geld gebe

betrübt auszusehen, desto lustiger sehen sie
aus; so lachen wir laut, und der Grund liegt
darin, daß eine Erwartung sich plötzlich in
nichts verwandelt. Man muß wohl bemerken:
daß sie sich nicht in das positive Gegenteil
eines erwarteten Gegenstandes – denn das
ist immer etwas, und kann oft betrüben –,
sondern in nichts verwandeln müsse. Denn
wenn jemand uns mit der Erzählung einer
Geschichte große Erwartung erregt, und wir
beim Schlusse die Unwahrheit derselben sofort
einsehen, so macht es uns Mißfallen; wie z. B.
die von Leuten, welche vor großem Gram in
einer Nacht graue Haare bekommen haben
sollen. Dagegen, wenn auf eine dergleichen
Erzählung zur Erwiderung, ein anderer Schalk
sehr umständlich den Gram eines Kaufmanns
erzählt, der, aus Indien mit allem seinem Ver-
mögen in Waren nach Europa zurückkehrend,
in einem schweren Sturm alles über Bord zu
werfen genötigt wurde, und sich dermaßen
grämte, daß ihm darüber, in derselben Nacht
die Perücke grau ward; so lachen wir, und
es macht uns Vergnügen, weil wir unsern
eignen Mißgriff nach einem für uns übrigens
gleichgültigen Gegenstande, oder vielmehr
unsere verfolgte Idee, wie einen Ball, noch eine
Zeitlang hin- und herschlagen, indem wir bloß
gemeint sind ihn zu greifen und festzuhalten.
Es ist hier nicht die Abfertigung eines Lügners
oder Dummkopfs, welche das Vergnügen er-

weckt; denn auch für sich würde die letztere
mit angenommenem Ernst erzählte Geschichte
eine Gesellschaft in ein helles Lachen versetzen; und jenes wäre gewöhnlichermaßen
auch der Aufmerksamkeit nicht wert.

Zurück in die Zukunft: vom Witzeerzähler Kant zum
heutigen Witzeerzähler an sich, dem dreisten, unvorsich-
tigen, zwanghaften, der sich oft auf schlüpfriges Parkett
begibt. Für ihn wiederhole ich einen Witz, der eigentlich
nur erzählt werden kann und der den Titel für dieses Buch
liefert, *Das find ich aber gar nicht komisch*:

> In einer Abendgesellschaft erzählt ein junger
> Mann einen Witz über einen Elefanten, der
> durstig zum Nil gelangt und endlich trinken
> kann, nachdem er lange durch die Hitze ge-
> laufen ist. Er tunkt seinen Rüssel ins Wasser,
> will sich das Wasser in den Mund schaufeln,
> da taucht ein Krokodil auf, schnappt nach dem
> Rüssel, beißt ihn ab und lacht höhnisch und
> laut: »Ha ha haha!«
> Da sagt der arme Elefant ohne Rüssel: »Daf
> find iff aber gar nift komiff!«
> Als er kurz vor der Pointe ist, fällt dem unbe-
> dachten jungen Mann fast zu spät, aber siedend
> heiß ein: Um Gottes willen! Der Gastgeber hat
> denselben Sprachfehler wie der Elefant im Witz,
> nachdem ihm der Rüssel abgebissen wurde.
> Er ist also schon an der Stelle, als das Krokodil
> den Rüssel abgebissen hat und höhnisch lacht.

Wie den rüssellosen Sprachfehler nicht wieder-
holen und doch noch die Kurve kriegen? Und
so erzählt er: »Das Krokodil lacht ›Ha ha ha!‹,
und der Elefant ohne Rüssel läuft und läuft
und läuft.«
Darauf der Gastgeber mit dem Sprachfehler:
»Daf find iff aber gar nift komiff.«

Das ist ein Witz über das Witzeerzählen, über das Erzählen von Witzen par excellence. Der Witz, den ich hier
noch einmal erzähle, weil er meinem Buch den Titel gegeben hat, ist ein Witz, der sich schriftlich nur sehr schwer
wiedergeben lässt. Erzählen Sie ihn laut! Und verziehen
Sie Ihre Lippen so, als hätten Sie keinen Rüssel mehr, indem Sie Zähne und Lippen nicht benutzen. Also! Geht
doch! Alfo! Geht doff!

1. AUS GEGEBENEM ANLASS: ALT UND ÄLTER

Man wird, wenn man alt wird, immer älter. In Sprüngen, in Schüben, die einen wie ein Unwetter überfallen. Oder die einen niederdrücken wollen und das auch schaffen, langsamer oder schneller, weil man, wie der Volksmund sagt (»Volksmund«, auch so ein veraltetes Wort, längst aus dem Gebrauch gekommen und genommen), immer mehr Jahre auf dem Buckel hat.

Merkwürdigerweise ist der Komparativ von alt, also älter, meist jünger als älter, erst recht als alt. Ein »älterer Herr« ist jünger als ein »alter Mann«, das hat auch mit der sozialen Konnotation zu tun. Ein »älterer Herr«, das ist einer, der mit bedächtigen Schritten im Kurpark beim Kurkonzert entlangschlendert, das Stöckchen mehr zur Zier in der Hand als zur Hilfe. Ein »alter Mann«, das ist meist jemand, dem man es ansieht, dass er sich ein Leben lang krummgemacht hat, um seinen Lebensunterhalt unter Aufbietung seiner Kräfte zu erwerben, wobei er dem Verschleiß, der Abnutzung unterworfen war. Ich erinnere mich an einen angeheirateten Großonkel, Gerbermeister in Metzingen, der von der jahrzehntelangen Arbeit an den Laugebecken mit der Lohgerbe, die penetrant stank und in der er die schweren Häute mit Stöcken und Stangen bewegt und herausgehoben hatte, klein und gichtig geworden war und in seinen späten Jahren mit Ächzen und humpelnden Schritten durch sein Haus schlich, den kurz geschorenen Kopf ab und zu an den grauweißen Stoppeln kratzend. Er hatte nur noch völlig abgenutzte Zahnstummel im Mund, und es hatte ihm die Hände gekrümmt und den Körper schief verzogen. Er wirkte wunderbar knorrig und sprach, wenn er sich unbeobachtet fühlte, mit sich allein, brummend, schwer verständlich, nach innen artikulierend. Er war zehn Jahre jünger, als ich es heute bin, und wirkt in meiner Erinnerung zehn Jahre älter. Im Übrigen war er in seinen Sinnesäußerungen viel vitaler als mancher Stöckchen schwingende ältere Herr.

Der Stöckchen schwingende ältere Herr im Park und der durch sein Haus humpelnde alte Mann, das sind zugegebenermaßen Vignetten, wie sie ein Achtzigjähriger in seine Erinnerung schneidet, sie stammen alle noch aus einer Zeit, die längst nicht mehr die unsere ist, eher an Bad Gastein oder an Karlsbad erinnernd. Fahre ich heute durch Vorstädte, dann sehe ich, wenn es dunkelt, fast überall Wohnheime und in der Nähe Kliniken mit neonbeleuchteten Zähnen mit Wurzeln als Werbe- und Wahrzeichen, die die totale Stille und Menschenleere erleuchten. Den mümmelnden Greis gibt es nicht mehr. Er trägt Implantate. Nicht nur im Mund, auch in Hüfte und Knie. Oder er hat einen fest sitzenden Zahnersatz im Mund, was mich prompt zu meinem ersten Kalauerwitz führt.

Was entsteht, wenn ein Gebiss in einen Teller
Spaghetti fällt?
Antwort: Zahnpasta.

Dieser Kalauer zeigt, dass man an allen Witzen ihre Entstehungszeit ablesen kann, ja, dass Witze ein Zeitgradmes-
ser für ihre Entstehungszeit und ihr Verfallsdatum sind.
An ihnen lässt sich eine Archäologie der Zeitläufe ablesen. Die Menschen müssen mit der italienischen Küche
lange vertraut sein, also längst wissen, was Pasta ist. Und
sie müssen, das ist noch länger her, über Zahnersatz ver-
fügen. Von Helmut Schmidt, dem kernig bissigen Altkanz-
ler, schrieb ein Sportreporter, als »Schmidt-Schnauze«
wirklich noch über Biss und Macht verfügte – und nicht
mehr nur das gern befragte Altersorakel der Nation war:
»Kanzler Schmidt grüßte mit seinen Zähnen.« Gemeint
war das bleckende Lächeln der Dritten.
Alt, älter, am ältesten. Früher, als die Menschen noch
nicht alt wurden, hatte man einen Riesenrespekt vor den
Alten, jedenfalls im Regelfall, bevor Freud entdeckt hatte,
dass die Urhorde sich in einem Aufstand der Jungen durch
Morden und Totschlag der Alten entledigte. In frühkultu-
rellen Zeiten hat sich das als Ödipus-Mythos niederge-
schlagen, und in jedem Adoleszenten entdeckte der Vater
der Psychoanalyse den Ödipus-Komplex.
Als die Alten in Wahrheit noch nicht alt wurden, machte
man die Ältesten, also den Superlativ des Alten, zu Häupt-
lingen: zum Dorfältesten, zum Stammesältesten. Das spukt
noch im Ältestenrat des Bundestages als Bezeichnung
nach. Und in der Tatsache, dass nach Neuwahlen, wenn
sich das Parlament neu konstituiert, der älteste Parlamen-

tarier die erste Sitzung leitet, in der dann der Bundestagspräsident gewählt wird, der nicht mehr der Älteste sein
muss und meist auch nicht ist. Alterspräsident des Bundestages, das ist eine kurze Ehre.

Andere Institutionen wie die Senate diverser Parlamente
und Gerichtshöfe lassen wenigstens noch im lateinischen
Namen (ein Senat setzt sich aus Senioren zusammen)
diese Altersstufung anklingen. Außerhalb dieser parla-
mentarischen Ordnungen ist das Adjektiv »alt« eigentlich
nur noch despektierlich gemeint: »alter Esel«, »alter Sack«,
altmodisch spöttisch »alter Herr« (der aus der Hierarchie
der Studentenverbindungen kommt) oder gar »altes Haus«,
was so alt klingt wie »bemoostes Haupt«, das seinen Namen wohl den Bronzedenkmälern verdankt, die sich mit
Grünspan bedecken, also verwittern, wenn sie lange dem
Altern in der Luft ausgesetzt sind, und so an bemooste
alte Steine erinnern. Dass man im Slang noch bei Jugend-
banden »Alter« sagt, ist wohl noch eine Reminiszenz an
die (türkische) Urhorde. »He, Alter« hat etwas gleichzeitig Bewunderndes und Spöttisches.

Im Alten Testament der Bibel wurden die Menschen in
der Legende angeblich uralt, mehrere Hundert Jahre. Darin gibt es die Geschichte von Lot und seinen Töchtern,
die mangels anderer junger Männer, die alle bei Sodom
und Gomorrha untergegangen waren, ihren alten Vater
zum Beischlaf nötigten, um der Menschheit das Weiterleben zu garantieren. Die mehrhundertjährigen Methusa-
leme sind wahnwitzige Übertreibungen – zu viel des Guten, wahrlich. Das sogenannte biblische Alter, das selten
erreicht wurde, währte siebzig Jahre und, wenn es hoch-
kommt, achtzig. Erreichte man das einigermaßen gesund,

bekam man als bemoostes Haupt den Ehrennamen »rüstiger Greis« – was sich zugegebenermaßen lächerlich anhört, wie der »Jüngling« für den jungen Mann verrostet klingt oder gar die »Maid«, die die Jungfrau und Jungfer ersetzte, weil mit ihr der Zustand der Unschuld vor der Defloration gemeint war. Das alles hat in der Gegenwart wenig oder gar nichts zu suchen – es sei denn, man schaut auf die enthemmte Soldateska afrikanischer Muslime, die einfach in der Schule junge Mädchen raubten. Ich möchte nicht verhehlen, dass dies sich mit einem hehren römischen Mythos trifft – dem Raub der Sabinerinnen. Aber das ist römische Geschichte und Kunstgeschichte seit der Renaissance und hatte in der Gegenwart wenig zu suchen und wenig zu bedeuten. Bis wir es auf einmal in der *Tagesschau* als krude religiöse Barbarei wiedersehen müssen.

Wenn wir Alten übrigens beim Einkaufen »junger Mann« genannt werden, meist von jüngeren Verkäuferinnen, dann ist das die pure Schmeichelei, die aber außer einer spöttischen Ironie keine Wahrheit hat, außer vielleicht der: »Sie halten sich noch für jung, also gut, dann will ich Ihnen den Gefallen tun, Sie so zu nennen, aber Sie wissen schon, dass ich das keinesfalls ernst nehme. Im Theaterrollenfach wären Sie längst der komische Alte, der Kauz, der Hagestolz, eine Commedia-dell'-Arte-Figur.«

Da wir inzwischen immer älter werden, gibt es dafür natürlich auch eine passende Geschichte.

In der sagt ein Achtzigjähriger zu einem
anderen Achtzigjährigen: »Sag mal, wie hast du
es geschafft, das bildschöne 22-jährige Model
zur Heirat rumzukriegen?«

Antwortet der andere: »Indem ich ihr vorge-
logen habe, ich sei neunzig!«

Das ist, um mit Wien zu sprechen, eine »mörtelmäßige«
Geschichte, die auf den Opernball gehört, zum ewig jungen Playboy Hugh Hefner oder dem New-York-Bebauer
Donald Trump. Mit anderen Worten: Den Achtzigjährigen darf man sich als betucht vorstellen. Da steht er seiner
Angeheirateten, wenn er neunzig ist, nicht mehr lange
im Wege. Es ist die abstruse Sehnsucht nach der ewig
währenden Liebe und unerlöschlicher Lendenkraft.
Archäologie des Alters im Witz: 1986 lernte ich Billy Wilder kennen. Und bei einem der langen Gespräche, die wir
erst über Wochen, später über Monate führten, erzählte
er mir eine Geschichte aus der Zeit, als er noch Drehbuchautor in Hollywood war. 1986 war Wilder achtzig Jahre
alt. Drehbuchautor war er in den späten Dreißigern und
frühen Vierzigern. 1939 schrieb er an Lubitschs unsterb-
licher Komödie *Ninotschka* mit, in der »die Garbo lacht«
und in »Europa die Lichter ausgingen«. Nun also die Geschichte. Sie handelt davon, dass im Alter die Würde des
Altwerdenden bedroht ist, und stemmt sich mit sardoni-
schem Grimm dagegen. Wie sich Alte bekleckern, wie sie
vergesslich werden, ja, wie ihre Gebrechen und Schwächen sich nicht mehr kontrollieren lassen.

Also, Wilder war zum Hollywood-Mogul
Zanuck geladen, der damals um die achtzig
war. Wilder erzählte, dass er eine junge
Assistentin bei sich hatte, und als Zanuck ihm
öffnete, bemerkte er, dass dessen Hose offen

stand. Um dem alten Mann gegenüber der
jungen Frau eine Peinlichkeit zu ersparen,
raunte er von Mann zu Mann dem Alten zu:
»Verzeihung, Mr. Zanuck, *your fly is open*,
Ihr Hosenstall.«
Der alte Zanuck reagierte laut und zornig. Er
herrschte Billy Wilder vor der jungen Frau an:
»Sie glauben wohl, ich wäre alt, weil ich meine
Hose nach dem Pinkeln nicht mehr schließe.
Aber alt, wirklich alt, bin ich erst, wenn ich sie
vor dem Pinkeln nicht mehr öffne.«

Wie gesagt, das erzählte ein Achtzigjähriger einem Mitt-
dreißiger (Zanuck/Wilder), der mir nun seine Geschichte
erzählte, als er selbst achtzig war und ich dreißig Jahre
jünger. Und jetzt, wo ich sie hier wieder erzähle, ist sie
sozusagen von einem Achtzigjährigen über einen Achtzigjährigen erzählt, der selbst über einen Achtzigjährigen
erzählte. Also (falsch gerechnet, aber richtig gedacht):
eine bleibende, sich ewig wiederholende Geschichte von
80 + 80 + 80. Ist gleich 240.
Nun ist das keine umwerfende Geschichte, aber doch eine
wahre, wütende, über den Zerfall, den das Alter jedem,
der alt wird, zumutet. Und ich bin die einzige Quelle, die
sie überliefern kann. Das gilt auch für die folgende über
einen späten Besuch bei Marcel Reich-Ranicki. Er war ein
großartiger alter Mann, der zu einer zornigen Wahrheit,
auch dem eigenen Alter gegenüber, neigte. Er schloss
keinen faulen Frieden mit dem Zustand, von dem Philip
Roth sagte, er sei ein Massaker. Philip Roth hat so weit vor
ihm kapituliert, dass er aufgehört hat zu schreiben.

Nun also zu einem meiner letzten Besuche, wenn nicht dem letzten Besuch bei Marcel Reich-Ranicki.

Ich fragte ihn also: »Wie geht es dir?« Und er antwortete schlicht und einfach: »Schlecht!« Er sagte es laut, so als wolle er keine Beschönigungen mehr machen. »Schlecht!« Und ich versuchte, mich in eine besänftigende, tröstende Formel zu retten, indem ich sagte: »Du siehst aber gut aus!« Worauf er ungnädig antwortete: »Im Gesicht fehlt mir ja auch nichts!«

2. JETZT IM RÜCKEN!

Das Alter ist eine Rückkehr zur Kindheit, bedenklich ist nur, dass man statt kindlich kindisch wird und der Pflegebedürftigkeit zuwächst, statt dass man ihr entwächst. Meldet sich das Baby mit Schreien und Weinen, wenn es Bedürfnisse oder Schmerzen hat, so erwerben wir im Alter Strategien, um uns zu melden. Wir neigen zur Hypochondrie, das heißt, wir hören auf die leisesten Signale unserer Alarmanlagen, auch weil wir fürchten, dass sie ständig Schlimmes ankündigen. Wie jedes Abhängigkeitsverhältnis – in der Kindheit Mutter/Kind, Amme/Kind, im Alter Arzt/Patient, Pflegerin/Pflegefall – ist die Beziehung nicht nur mit Liebe besetzt, von der einen Seite hasst man es auch, von der anderen Seite abhängig zu sein. Auf der anderen Seite fühlt man sich durch dauernde Inanspruchnahme genervt. Alte werden wie Säuglinge oft als Quälgeister empfunden. Mein neuer Lieblingswitz ist daher der folgende:

> In der Klinik. Die Schwester kommt zum Oberarzt und sagt: »Herr Doktor, der Simulant auf Zimmer 216 ist gestorben.«

Darauf der Arzt: »Jetzt übertreibt er aber!«

Für Witze gilt, dass sie andere zu Witzen provozieren: »Wie man in den Wald ruft, so schallt es heraus«, hatten unsere Altvorderen mit einem Sprichwort gesagt. Geht man mit Witzen auf Reisen, dann freut man sich nicht darüber, dass die Witze an sich gut sind (man kennt sie selbst schon bis zum Erbrechen), sondern darüber, dass sie spontan ankommen, dass andere auf sie reagieren, als hörten sie sie zum ersten Mal. Oder zumindest, als seien sie froh, dass andere mit ihnen mitlachen. Lachen stiftet Solidarität. Oft auch oder sogar meist durch Schadenfreude. Warum soll es anderen besser gehen als mir! Und da sie dabei lachen und ein wenig dabei auch über sich selbst, wird die Bosheit und Schadenfreude, die in fast jedem Witz provoziert wird, sozusagen »solidarisch«: Wir sitzen alle im gleichen Boot. Da hilft nichts. Also versuchen wir wenigstens, darüber zu lachen.
Ich habe an vielen Abenden vor Publikum Witze gelesen, besser noch: erzählt. Und oft habe ich, wie in einem Echo, Antworten bekommen, die meist so gehen: »Ach, da kenne ich auch einen!« Für Witze gilt die Redensart verstärkt: »Und so ergab ein Wort das andere!« Oder: »Ein Witz kommt selten allein!« Beispiele? Einmal war ich mit meinen Witzen zum Frühstücksfernsehen bei SAT.1 eingeladen und lernte dort eine besonders gewitzte und gut aussehende Moderatorin, Simone Panteleit, kennen. Sie hat besonders hübsche Grübchen, und ich lasse mir nicht ausreden, dass Grübchen Lachfalten sind. Wir unterhielten uns im Vorgespräch, es war 6 Uhr morgens, über Alterswitze, und ich erzählte ihr prompt meinen da-

maligen Lieblingswitz, den ich meinem Freund Marcel Reif verdanke. Wir sind über Witze Freunde geworden, die wir uns erzählten, an Abenden, meist vor einem kleinen Kreis, nach einem gemeinsamen Mahl bei Tisch, der uns zu einem Wettbewerb animierte. Witze sind Hahnenkämpfe vor einem Publikum, in dem Frauen nicht fehlen dürfen, denn warum sonst sollte man sich aufplustern und zu krähen anfangen. Wichtig ist, dass ein oder zwei bei Tisch sitzen, die die Witze noch nicht kennen oder sie vergessen haben. Das häufigste Kompliment, das man von Frauen nach einem gelungenen Witz bekommt, geht so: »Dass Sie das alles behalten können! Ich kann mir keine Witze merken!« Manchmal wollen sie die Witze auch noch einmal hören und stellen sich nur so, als hätten sie sie vergessen, um keine Spielverderber zu sein. Schließlich stellt sich ja beim gemeinsamen Lachen eine wohlige Stimmung ein. Beim Karneval muss man, um Ähnliches zu erleben, schunkeln oder mindestens zum Schunkeln bereit sein. Es ist eine ähnliche Nähe, wie man sie im Witz sucht.

Jetzt also, morgens um 6 Uhr früh, in einem nur begrenzt gemütlichen Studio, das die Vertrautheit und Privatheit ja nur simuliert. In jeder Hinsicht nüchtern. Berufsbedingt unausgeschlafen erzählte ich Frau Panteleit den Witz, der eindeutig auf eine Abendrunde geeicht war.

Kommt ein älterer Mann, so um die siebzig, zum Arzt und sagt: »Herr Doktor, ich habe nach dem Sex neuerdings immer so ein Pfeifen im Ohr.« Darauf der Arzt: »Ja, was erwarten Sie denn in Ihrem Alter? Standing Ovations?«

Diesen Witz nehme ich hier wieder auf, weil mir dazu eine Art medizinische Replik von Otto Waalkes in die Finger gefallen ist, der über die Freundschaft mit seinem früheren WG-Mitbewohner Udo Lindenberg sagte: »Wir reden über alles. Bei Sex in unserem Alter weiß man ja nie, ob das nun ein Orgasmus war oder ein Herzinfarkt. Da ist der Rat eines Freundes schon gefragt.«

Dass übrigens der Alterssexwitz längst auch die Frauen ereilt hat, macht die folgende Geschichte von der Hundertjährigen klar.

Eine Hundertjährige wird von einem Reporter besucht. Er bestaunt ihre Gelenkigkeit und ihre Figur, ihren Witz und ihre Geistespräsenz und fragt sie nach den Gründen.
Sie sagt: »Ich habe mich immer gut ernährt, viel Sport betrieben und viel Sex gehabt.«
Der Reporter starrt sie an: »Sex? Wann denn zum letzten Mal?«
Sie antwortet: »Neunzehnfünfundvierzig.«
Der Reporter: »1945! Verzeihen Sie, aber das ist schon eine gute Weile her.«
Die alte Dame schaut auf ihre Uhr: »Finden Sie? Finde ich nicht. Jetzt ist 20 Uhr 15.«

In diese Kategorie fällt auch die folgende Geschichte einer junonischen Gastgeberin, die eine Soiree gibt und ihre Gäste in großer Abendrobe mit einem prächtigen Papagei auf der linken Schulter empfängt.

Als ein junger, sehr attraktiver Mann mit einem Bodybuilder-Brustkorb und einem Sixpack-Bauch seine Entree-Verbeugung vor ihr macht, sagt sie zu ihm: »Junger Mann, wenn Sie erraten, was ich für ein Tier auf meiner linken Schulter trage, werden wir am Ende des Abends unvergesslichen Sex miteinander haben.«
Der junge Mann schaut nach dem Papagei und sagt dann: »Ein Krokodil?«
Darauf die Dame: »Das will ich gerade noch gelten lassen.«

Ich versuche in diesem Buch ausnahmsweise, ab und zu Witze zu analysieren, um Nacherzählern und Nachahmern zu helfen, sozusagen Schwimmunterricht beim Lachen zu erzeugen. Das Gute am vorhin zitierten Alterswitz um die Standing Ovations ist erstens, dass es ein hemmungsloser Macho-Witz ist. Der Jemand renommiert damit, dass er noch Sex hat. Zweitens, dass er Angst hat, im Alter Sex zu haben, weil er Zwischenfälle fürchtet. »Dabei« zu sterben ist eine ebenso schöne wie schreckliche Vorstellung. Und das Pfeifen im Ohr, das Pfeifer'sche Syndrom, eine besonders alarmierende Vorstellung, weil es eine Art Infarkt ankündigt. Eine Infarktdrohung im Gehör. Drittens aber, und das ist der großartige Dreher dieses Witzes, verlegt die Frage des Arztes nach den »Standing Ovations«, die der Mann anscheinend erwartet, die Situation aus der Furcht vor medizinischen Konsequenzen auf die »Wunschbühne« des Mannes, des Machos, dessen Lieblingsfrage »danach« ja lautet: »Wie war ich?« (Wenn er schizophren ist, wahlweise auch: »Wer war ich?«)

Und er wähnt sich dabei am liebsten in einer Zirkusarena, die Kapelle spielt einen Tusch, die Menge rast, frenetischer Applaus, bei dem die Zuschauer aufspringen. Der Arzt holt den Patienten von der Erfolgserwartung herunter: In deinem Alter könntest du auch ausgepfiffen werden. Sprich, zurück ins Bett versetzt: versagen, scheitern, den Auftritt verpassen.

Hier, an dieser Stelle, möchte ich einen Witz einschieben, der nach dem Ende der Macho-Zeit spielt.

> Da fragt ein Mann »danach«, nach dem Orgasmus, noch etwas unverschämter machohaft seine Partnerin im Bett: »Möchtest du nicht auch manchmal ein Mann sein?« Und sie antwortet und fragt zurück: »Nein, und du?«

Doch zurück ins Alter. Zurück ins Studio. Ich erzählte den Witz vor dem Frühstücksfernsehen schon mit einer gewissen Wehmut (und deshalb auch am helllichten Morgen im dunklen, nüchternen Studio), weil ich eigentlich schon mein Verfallsdatum für diesen Witz überschritten hatte. Und die Moderatorin lachte dennoch mit ihren Grübchen und revanchierte sich mit der folgenden Geschichte, nachdem sie gesagt hatte: »Da kenn ich auch einen, der passt dazu.«

> Ein altes Ehepaar. Der Mann sagt eines Abends zu seiner Frau: »Du, wir haben so lange Zeit nicht miteinander geschlafen. Sollten wir es nicht mal wieder probieren?« Antwortet die Frau: »Einverstanden. Aber ich muss dir sagen,

ich hab's jetzt im Rücken.« Darauf er: »Gut,
dass du mir das sagst. Ich hätte es sonst an der
alten Stelle gesucht.«

Der Zeitbezug in diesem Witz stammt, kein Zweifel, von
Hape Kerkelings Schlämmer-Figur. Die ständig jammert,
sie habe »Rücken«. Die Hauptkrankheit der vor dem Com-
puter sitzenden Generation. Die Hauptplage der alternden Menschheit, weil sie für einen so lange währenden
aufrechten Gang nicht geplant ist. Und der »Dreh« hier:
Wieder geht es von einem medizinischen Befund in eine
körperliche Topografie. Der Witz macht sich über das
männliche Erinnerungsvermögen her.
Ebenfalls »zugeflogen« sind mir die beiden folgenden
Witze. Ein Altersgenosse im Schwimmbad »bedankt« sich
oft dafür, wenn er gerade einen Witz von mir gelesen hat.
Also:

Ein älteres Ehepaar sitzt in einem Eisenbahn-
abteil (ja, die gibt es noch, also kann der Witz
bestehen!), steif, stumm und ohne Blick- und
sonstigen Kontakt nebeneinander. Bis an der
nächsten Bahnstation ein blutjunges Paar ein-
steigt. Kaum sitzen die beiden den Alten gegenüber, als auch schon ein Turteln, Schmusen,
Knutschen, ins Ohrläppchen beißen beginnt.
Die ältere Dame sagt nach einer gewissen Zeit
zu ihrem Ehemann: »Du, Egon! Willst du nicht
auch mal wieder so was machen?«
Darauf er: »Aber Luise! Ich kenne doch das
junge Fräulein überhaupt nicht!«

Und hier der zweite. Ähnlich und doch ganz anders:

> Ein Bauer zeigt seiner Partnerin, die er für und
> durch die Sendung *Bauer sucht Frau* kennen-
> gelernt hat, sein Anwesen, seinen Hof, die
> Stallungen, die Weiden. Als sie auf der Weide
> an den Kühen vorbeikommen, bespringt ge-
> rade ein Bulle eine Kuh. (Das ist die Unwahr-
> scheinlichkeitsklippe dieses Witzes. Kühe,
> die einander mangels anderer Partnermöglich-
> keiten bespringen, dagegen kann man öfter
> beobachten.) Sagt der Bauer zu seiner jungen
> Besucherin: »Ach, wär das schön, wenn ich
> das auch machen könnte!« Sagt die trocken:
> »Könn' Sie doch! Die Kuh gehört doch Ihnen!«

Beide Witze lächeln in der Einsicht des Ringelnatz-Mot-
tos zu den *Zwei Ameisen* (Die Moral der Geschicht' wird
nicht immer mitrezitiert.): »So will man oft und kann
doch nicht/und leistet dann recht gern Verzicht.« Die
zweite Geschichte hat sozusagen Stallgeruch und ist nach
dem Motto »Wie ich dir / So du mir« geerdet, das aus
der Zeit stammt, als sexuelle Eigenwilligkeiten noch unter bestimmte Paragrafen des StGB fielen. Von all diesen
Dingen wäre, glaube ich, heute nur noch das Vergehen als
Tierquälerei zu ahnden.
Dazu passt ein inzwischen aus der Zeit gefallener Macho-
Witz, der dem Stierkampf und dem sich darin manifes-
tierenden Machokult huldigt. Dabei ist der Stierkampf
längst anachronistisch. Nicht so sehr aus Tierliebe und
Veganismus. Sondern weil ihn längst der Fußballkult um

Real Madrid und den FC Barcelona abgelöst hat, wobei in Barcelona noch der katalanische Separatismus gegen die andalusische Wiege der Tauromaquia kommt. Also:

In Spanien war es üblich, dass in Lokalen, die nahe der Arena lagen, das Fleisch der gefallenen Stiere gegessen wurde. Als besondere Delikatesse galten und gelten die Stierhoden. Man isst mit ihnen sozusagen symbolisch das Testosteron, das der Stier zu Lebzeiten fauchend und schnaubend und blindwütig verkörpert – ehe er durch die gebändigte Kraft, die tänzerische Disziplin des Toreros besiegt wird: Eleganz und hohe Kunst im Mut gegen blinde, rasende Vitalität.
Ein Mann also bestellt den begehrten Hoden. Der Kellner bringt kurz darauf den Teller, der Gast starrt darauf, sieht verwundert die sehr kleinen Bällchen. Sagt der Kellner erklärend: »*Señor, no siempre gana el torero!*« Nicht immer gewinnt der Torero.

Auch das ist ein Abgesang auf die stierige Zeit. Wie die Geschichte von dem Stier Hannibal, der durch ein hohes Gitter und einen Stacheldrahtverhau oben drauf von einer Herde ihn anbettelnder und umwerbender Kühe getrennt ist:

»Hannibal! Hannibal! Komm doch zu uns rüber. Wir warten auf dich!«, muhen sie flötend. Oder flöten sie muhend. Das geht Tag für Tag

so. Bis Hannibal nicht mehr widerstehen kann,
all seinen Mut und seine Glut zusammenfasst –
und über den Zaun springt.

»Oh Hannibal«, sagen die Kühe. »Bist du endlich da!«

Und er antwortet: »Ihr dürft Hanni zu mir
sagen.«

Eine Stacheldrahttragödie. Und eine Geschichte, als der
Ball noch nicht rund war, sondern wie ein amerikanischer Football aussah. Mut war damals noch ein Ballspiel.

3. IM SIEBTEN HIMMEL

Wenn wir uns wohlfühlen, dann schweben wir auf Wolke sieben, fühlen uns wie im Himmel, im siebten Himmel, der für die Liebenden reserviert ist, oder wie Gott in Frankreich. Gott ist demnach ein Gourmet oder Gourmand und weiß einen »guten Tropfen«, ein »Glas edlen Weines« (Gott benutzt im Luther-Deutsch immer noch den Genitivus partitivus) zu schätzen. Das Leben erscheint dann nur wie ein Durchgangsstadium, wie eine Vorbereitung auf ein besseres, ein schöneres Leben.

Ausgerechnet ein Schiffsarzt auf einem Kreuzfahrtschiff, es war die *Europa*, hat mir auf einer Reise zwischen Lissabon und Hamburg, auf der die Reisenden sich den höheren Sphären nahe fühlen durften (»Brüder, überm Sternenzelt muss ein lieber Vater wohnen«), ausgerechnet also ein Schiffsarzt, der im Notfall dem Wohlbefinden zu Hilfe kam, hat mir den folgenden Witz spendiert, der natürlich in die Kategorie »Alte Leute« gehört. Also:

> Ein Ehepaar, das es zu einem hohen Alter
> gebracht und geschafft hat, stirbt gemeinsam.
> Beide treten also zusammen vor Petrus hin,

der sie fragt, wo sie denn hinwollten, um den
Rest ihres Nichtlebens, das ewige Leben zu
verbringen.
»Wenn's geht, möchten wir ins Paradies«,
sagen die beiden.
»Da habt ihr Glück«, sagt Petrus, »da sind
zufällig zwei Plätze frei geworden, da könnt
ihr hin.«
Die beiden freuen sich und leben da in Glück
und Frieden, Ruhe und Heiterkeit, es fehlt
ihnen an nichts.

»Wie auf der *Europa*«, fügte der Schiffsarzt an dieser
Stelle fast ohne Süffisanz ein.

Nach einem halben Jahr, was keineswegs eine
halbe Ewigkeit ist, liegen beide auf dem para-
diesischen Sonnendeck, und die Frau seufzt
glücklich: »Ach, ist das herrlich hier!« Worauf
der Mann ihr zufrieden zunickt, um dann
missmutig hinzuzufügen: »Wenn du mich nicht
dauernd zu den Ärzten geschleppt hättest,
könnte es mir schon zehn Jahre so gut gehen.«

Wie gesagt, ein Schiffsarztwitz. Aber er enthält ein Para-
doxon, ein fast unlösbares. Wenn es doch den Himmel,
das Paradies, gibt, warum haben dann Menschen so eine
Angst vor dem Sterben? Die führenden Religionen, allen voran das Christentum und der Islam, haben dem
Menschen als Belohnung für das mühselige und beladene
Leben auf Erden den Himmel versprochen. Shakespeares

Hamlet, der erste moderne Mensch, grübelt darüber in dem berühmtesten Monolog der Welt nach, Sie wissen schon: *To be or not to be.* Sein oder Nichtsein, das ist hier die Frage.

Wir verkneifen uns an dieser Stelle den Vaterschaftswitz, der in der ersten Zeile enthalten ist, in dem einem Lord, der eine sehr freigiebige, liberale Gattin hat, ein Knabe geboren wird. »Wie soll er heißen?«, fragen die Gäste auf der Feier zur Geburt. »Na, Hamlet«, sagt der eine, und auf den fragenden Blick der anderen, »Warum?«, zeigt er auf den Lord und sagt: »Sein oder nicht sein?, das ist hier die Frage.«

Wie gesagt: diesen Witz ersparen wir uns, vor allem weil er dummerweise nur auf Deutsch und nicht im englischen Original funktioniert.

> Sein oder Nichtsein; das ist hier die Frage:
> Obs edler im Gemüt, die Pfeil und Schleudern
> Des wütenden Geschicks erdulden oder,
> Sich waffnend gegen eine See von Plagen,
> Durch Widerstand sie enden? Sterben – schlafen –
> Nichts weiter! Und zu wissen, daß ein Schlaf
> Das Herzweh und die tausend Stöße endet,
> Die unsers Fleisches Erbteil, 's ist ein Ziel,
> Aufs innigste zu wünschen. Sterben – schlafen –
> Schlafen! Vielleicht auch träumen! Ja, da liegts:
> Was in dem Schlaf für Träume kommen mögen,
> Wenn wir die irdische Verstrickung lösten,
> Das zwingt uns stillzustehn. Das ist die Rücksicht,
> Die Elend läßt zu hohen Jahren kommen.
> Denn wer ertrüg der Zeiten Spott und Geißel,

Des Mächtigen Druck, des Stolzen Mißhandlungen,
Verschmähter Liebe Pein, des Rechtes Aufschub,
Den Übermut der Ämter und die Schmach,
Die Unwert schweigendem Verdienst erweist,
Wenn er sich selbst in Ruhstand setzen könnte
Mit einer Nadel bloß? Wer trüge Lasten
Und stöhnt' und schwitzte unter Lebensmüh?
Nur daß die Furcht vor etwas nach dem Tod,
Das unentdeckte Land, von des Bezirk
Kein Wandrer wiederkehrt, den Willen irrt,
Daß wir die Übel, die wir haben, lieber
Ertragen als zu unbekannten fliehn.
So macht Bewußtsein Feige aus uns allen;
Der angebornen Farbe der Entschließung
Wird des Gedankens Blässe angekränkelt;
Und Unternehmen, hochgezielt und wertvoll,
Durch diese Rücksicht aus der Bahn gelenkt,
Verlieren so der Handlung Namen.

Der Monolog denkt darüber nach, warum wir uns dem
elenden Leben nicht durch den Freitod entziehen. In wie
vielen Traueranzeigen wird der Tod als Erlöser gefeiert!
Manchmal fragt man sich, wer krank war und wer erlöst
wurde. »Nach langer schwerer Krankheit hat es Gott gefallen, meinen geliebten Mann, unseren Vater, unseren
Bruder, Großvater und Onkel zu sich zu rufen ...« Da
darf man schon fragen: Wer war da krank? Gott oder der
geliebte Mann, Vater, Bruder etc.? Wer starb da und, wenn
ja, wie viele?
Hamlet ist, wie gesagt, der erste moderne Mensch, ganz
im Diesseits verwurzelt, und so schwer das Leben auch

sein mag, vom »Übermut der Ämter« geschunden und von »Schmach« und Elend geplagt – es ist der Ungewissheit des Todes vorzuziehen, dem Land, aus dem »kein Wandrer wiederkehrt«, um Kunde darüber zu geben. Warum also nicht sich beeilen, Hand an sich legen, Sterbehilfe legalisieren? Weil schon der Lateiner wusste: *Mors certa, hora incerta* (was Primaner auf dem Wilhelminischen Gymnasium so übersetzten: »Todsicher geht die Uhr falsch!« Lustig!). Einmal darum, weil die Religionen die Hölle und zumindest das Fegefeuer zwischen den sterbenden Menschen und den Himmel gesetzt hatten. Der Selbstmörder, so die Schranke, durfte ihn gewiss nicht erreichen. Er musste in der Hölle schmoren. Nur, darf man sich an dieser Stelle erinnern, der Sozialismus, der das Paradies auf Erden versprach, war für viele, die meisten, die Hölle auf Erden. Und heute wie in der Geschichte fürchten wir nichts so sehr wie Menschen, die das Paradies durch den Opfertod erreichen. Ich denke hier nicht an den Erlöser, an Christus, sondern an fanatische Selbstmordattentäter, denen der Himmel von militanten Sekten und militanten Religionsverfechtern versprochen wird und die dafür willig und gern andere Menschen ermorden, die nicht glauben, im Paradies mit 72 Jungfrauen beglückt zu werden, die ihnen zwecks Defloration zum baldigen Verzehr bestimmt sind. Das ist überhaupt nicht witzig und nicht komisch, sondern gruselige Realität. Wir erinnern uns, dass die deutsche Wehrmacht auf den Koppelschlössern »Mit Gott« geschrieben hatte, für den es zu kämpfen und zu sterben galt.

Der Spruch »Hunde, wollt ihr ewig leben!« stammt übrigens von Friedrich II., den gerade deshalb manche »den

Großen« nennen. Doch schnell zurück zum Witz, der sehr genau weiß, wie man in den Himmel kommt und wie es da zugeht:

> Zur Himmelspforte kommen ein frommer Geistlicher und ein weniger frommer, aber schlechter Busfahrer. Sie sind gleichzeitig an der Kontrollstelle. Petrus lässt den Busfahrer ohne Weiteres durch.
> Darauf fragt der Pfarrer den Petrus: »Warum darf der durch und ich nicht? Ich war doch immer fromm!«
> »Ja«, sagt Petrus, »aber bei deinen Predigten sind die Leute immer eingeschlafen, und bei den Fahrten mit dem Busfahrer haben sie immer gebetet.«

Nicht so stark? Geht so! Als die ersten Astronauten Richtung Weltall starteten, glaubte man sie Gott am nächsten. Nun gab es eine zweigeteilte Welt damals, die christliche und die atheistische des Sozialismus. Die Zeit hieß Kalter Krieg. Dazwischen, und da lässt sich der Witz zeitlich festhalten, der Kanzler Willy Brandt, wir erinnern uns: Koexistenz. Wandel durch Annäherung. Und wie gesagt, die ersten Astronauten, von denen wir glaubten, sie seien auf ihrer Reise durch den Orbit näher bei Gott als wir. Je nachdem.

> Ein Astronaut kommt von einer spektakulären Odyssee im Weltraum zurück. Der Kreml, bemüht, die Informationen als Erster zu erhalten,

empfängt den Weltraumfahrer an höchster Stelle. Chruschtschow, der Generalsekretär der KPdSU, empfängt ihn und kommt gleich zur Sache: »Gibt es IHN? Und hast du IHN gesehen?«

»Ja«, sagt der Astronaut, »es gibt IHN, und ich habe IHN gesehen.«

»Das habe ich befürchtet!«, seufzt Chruschtschow. »Ich schlage dir einen Deal vor: Du bekommst eine Million. In Gold. Und behältst dein Wissen für dich.«

Dann kommt der Astronaut zu Papst Johannes Paul II. Wieder stellt der Papst die bedrängende Frage: »Gibt es IHN? Hast du IHN gesehen?«

Der Astronaut schüttelt den Kopf. »Ich habe nichts gesehen. Gar nichts. Es gibt da niemanden.«

Der Papst: »Oh Gott! Das habe ich befürchtet. Wenn du dein Wissen für dich behältst, lasse ich dir durch die Vatikanbank zehn Milliarden Lire überweisen. Meinetwegen auch in Dollar.«

Dann kommt der Astronaut zu Willy Brandt, damals Bundeskanzler des Wandels durch Annäherung, der friedlichen Koexistenz zur Beendigung des Kalten Krieges. Und Brandt fragt, ohne eine Pause zu machen, atemlos, neugierig: »Gibt es IHN und sieht ER mir ähnlich?«

Es gibt noch die Antwort an den amerikanischen Präsidenten. Sie war damals der größtmögliche Schock. Der Supergau.

»*Have you seen him?*«, fragt der US-Präsident.
Und der Astronaut antwortet: »*Yes! She's black!*«

Inzwischen ist Er wirklich *black* und SHE bewirbt sich um die Präsidentschaft, war in England schon Premier und herrscht in Deutschland unangefochten als Kanzlerin. Daher hat die bisher ultimativste Antwort der deutsche Cartoonist Til Mette gegeben. Auf seiner Zeichnung sitzt Gott im Himmel, hat einen anderen Mann auf dem Schoß, den er zärtlich umarmt. Er sieht aus wie von Reiser gezeichnet: ein kugeliger älterer Herr mit Glatze, Haarkranz, der immer freundlich lächelt. Und in seiner Wortblase steht: »Das hättest du wohl nicht gedacht?«
Es ist noch gar nicht so lange her, da wäre man für solche Blasphemie leicht im Gefängnis gelandet. Verletzung religiöser Gefühle war auch dem Witz nicht erlaubt. Noch eine Weile früher wäre man dafür verbrannt worden, und es gibt Gegenden in der Welt, wo es heute noch nicht ratsam ist, über Mohammed, den Propheten Allahs, despektierliche Scherze oder komische Cartoons zu publizieren. Manchmal liegen die Länder sogar mitten in Europa. Etwa in Dänemark 2005. Der Zeichner Kurt Westergaard wurde in Deutschland 2010 von der Bundesregierung mit dem »M100 Medienpreis« ausgezeichnet. In Deutschland erregte die Papstkarikatur, bei der sich der Heilige Vater die Soutane bekleckert hatte, zwar Unmut, zeitigte aber keine juristischen Folgen mehr.

In vielen Teilen der Welt gilt immer noch der weise alttestamentarische Vorbehalt: Du sollst dir kein Bildnis machen. Und es gilt die Goethe-Maxime: »Es tut mir in den Augen weh / Wenn ich dem Narren seinen Herrgott seh.«

4. »SCHÖN WÄR'S!«

Til Mette, der früher in der *taz* und seit Jahren für den *Stern* jede Woche mit seinen komischen Bild-Glossen den Zeitgenossen ins Herz schaut, verdanke ich noch einen anderen Cartoon, der mir, über seinen Inhalt hinaus, Wesentliches über die Perspektive des Witzes erzählt hat. Perspektive, die erzählt man mit Bildern.

Auf dem Cartoon sind zwei Männer zu sehen. Der eine raucht und sitzt dabei so, dass man nur seinen Oberkörper sieht. Der andere belehrt ihn gegenübersitzend über die schrecklichen Folgen des Rauchens, indem er (ähnlich wie eine auf Zigarettenpackungen aufgedruckte Warnung) sagt: »Wissen Sie nicht, dass man davon Raucherbeine bekommt?!« Worauf der sitzende Raucher mit einem schmerzlichen Seufzer sagt: »Schön wär's!«

Was der Warnende nicht sieht, kann der Betrachter der Zeichnung sofort sehen. Er muss nur unter den Tisch schauen, an dem der Rauchende vor seinem Aschenbecher sitzt: Der Mann sitzt auf zwei Beinstümpfen, er hat gar keine Beine mehr, die zu Raucherbeinen werden könnten. Die Warnung kommt also, erstens, viel zu spät und sie ist, zweitens, was der belehrend Warnende nicht sehen kann, äußerst taktlos, denn sie droht dem anderen etwas an, was ihm gar nicht mehr passieren kann, ja, was im Gegensatz zu den Folgen, die die Warnung ausspricht, sozusagen noch ein Glücksfall wäre. Zynisch gesprochen: lieber Raucherbeine als gar keine Beine! Zynisch wie der Spruch: »Wer früher stirbt, ist länger tot.« Oder die bittere Quintessenz: »Zu spät, zu spät, wenn er erst im Grabe steht.«

Als die ersten Warnungswellen vor dem Rauchen und den katastrophalen Folgen durch das Land gingen – zu der Zeit, als sich gegen die radikale Zigarette wie Gitane und Gauloise, die die Franzosen unverdrossen ständig als eine brennende Lulle zwischen den Lippen kleben hatten, langsam zumindest der Filter durchzusetzen begann (damals noch auch mit Menthol wie bei Helmut Schmidt später) –, gab es als Pendant zu den harten französischen Marken in den Gebieten, die unter französischer Besatzung zum Rauchen gebracht worden waren, Marken wie Reval oder, noch stärker, Roth-Händle. Dafür konnte die Zigarettenindustrie noch mit so heiterem Unsinn werben: »Rauche, staune, gute Laune.« Oder das HB-Männchen bemühen, das jeden Stress überstand, das sich gegen die aufkeimende Wut in einer unangenehmen Stresssituation eine beruhigende Zigarette in den Mund steckte und erst einmal tief »durchatmete«, Lungenzüge natürlich.

»Halt! Wer wird denn gleich in die Luft gehen! Greife lieber zur HB.« Man atmete mit Stuyvesant den »Duft der großen weiten Welt« ein, ja, man ritt mit kernigen Marlboro-Männern durch die weite, gesunde Welt der Weiden, Wasserfälle und Lagerfeuer.

Zurück zur Roth-Händle und Reval. In der Zeit, in der die Medizin zum ersten Mal vor den Folgen des Rauchens warnte und zum Umstieg wenigstens zum Filter geraten hatte, da reimte der stets zur Fatalität neigende Volksmund mit dem witzigen Spruch:

Seht ihr die Gräber dort im Tal?
Das sind die Raucher von Reval
Seht ihr die Gräber andererorten
Das sind die Raucher andrer Sorten.

Tempi passati! Letztes Jahr ist der Marlboro-Mann verstorben. An – woran denn sonst! – Lungenkrebs. Die erste prominente Witwe, die die Zigarettenindustrie verklagte, war die Witwe von King Cole. Dabei »verdankte« er dem Rauchen wahrscheinlich seine unvergleichliche und einmalige samtweiche Stimme. *The man with the velvet voice.*

Doch nicht deshalb hat mich der Til-Mette-Cartoon so elektrisiert. Sondern weil ich beim Witzeerzählen oft Angst hatte, bei den Zuhörern irgendetwas zu übersehen, sodass ich durch meine Rücksichtslosigkeit ihre empfindlichste Stelle berührt hätte – ohne es zu wollen und zu ahnen.

Meine Tochter und mein Sohn, mit denen ich, als sie Kinder waren, zehn, zwölf, dreizehn Jahre alt, mit meiner Frau den Sommerurlaub gern am Wörthersee verbrachte (ich erspare mir den Kalauer, dass ein Wörthersee, an dem man auch noch eine Rinderbouillon mit Buchstaben, also eine Buchstabensuppe essen konnte, der richtige Ferienort für einen Kritiker ist!), Laura also und Niko erinnerten sich jahrelang voll Schrecken an eine Situation, die ihnen unendlich peinlich war und die sie zum gruseligen Fremdschämen über ihren Vater gebracht hatte.

Es war vor dem Abendessen, ich saß zu einem Aperitif an der Bar, meine Frau war noch mit der kosmetischen Vorbereitung oben auf dem Zimmer beschäftigt, die beiden Kinder tranken Coca-Cola und ich ein Glas Sekt. Ich kam mit einem Mann ins Gespräch, und er fragte mich nach Helmut Qualtinger, dem großen bösen Kabarettisten, über den ich kurz zuvor eine Titelgeschichte in *Theater heute* geschrieben hatte. Qualtinger und Österreich, das war ein fast zwangsläufiges Gesprächsthema unter »Eingeweihten« seiner Fangemeinde. Und wenn sich zwei, einer davon dazu noch ein »Piefke«, zum Gespräch trafen, dann erinnerten sie sich schwärmend an seinen »Herrn Karl«, seinen Wiener Hausmeister, ein Nestroy'scher Dämon, der die Nazi-Zeit bewältigte, indem er dickfellig seine unverbesserliche Unschuld betonte und eine so gemütliche Bestialität offenbarte. »Mir san mir! Und uns kann keiner.« Immer nach dem Motto (das ich Billy Wilder verdanke): Die Österreicher haben das Kunststück fertiggebracht, aus Beethoven einen Österreicher und aus Hitler einen Deutschen zu machen.

Neben dem »Herrn Karl« war Qualtinger in seinen Wiener Jahren ein boshaft genauer, wie von einem Dämon getriebener Kabarettist, der mit seinen Programmen und Rollen klarmachte, dass man nur etwas bloßstellen und satirisch entlarven kann, was man auch in sich selbst aufgespürt hat. Großartig hat also Qualtinger zum Beispiel in Horváths vergifteten und entlarvenden Volksstücken gespielt, den Fleischer in *Geschichten aus dem Wiener Wald* in der Fernsehinszenierung Erich Neubergs, der zu der gebeutelten und durchgeschüttelten Heldin Marianne am Schluss sagt: »Meiner Liebe wirst du nicht entgehen«, sodass es allen kalt über den Rücken lief, die das sahen. Das war das böse Herz der vielbeschworenen Gemütlichkeit und des Wiener Gemüts.

Von Qualtinger gibt es eine geniale Aufnahme der *Letzten Tage der Menschheit* von Karl Kraus, der Endzeitvision des Ersten Weltkriegs, und eine Lesung von Hitlers *Mein Kampf*, die so gruselig komisch und grauenhaft ist – bis zur totalen Entlarvung, ohne auch nur einen Kommentarsatz dazu zu brauchen.

Damals also, vor dem Abendessen in Maria Wörth kamen ich und mein Gesprächspartner auf das gerade erschienene *Krüppel-Lied* Qualtingers zu sprechen, und ich zitierte und sang es zusammen mit meinem österreichischen Gesprächspartner voll leiser Inbrunst. Wir wussten, dass dies auch wieder ein Schlag in die rührselige und brutale Selbstgefälligkeit des goldenen Wiener Herzens war.

> Wenn ich mal trüber Laune bin,
> dann geh' ich zu den Blinden
> und lache mir den Buckel krumm,
> wenn sie die Tür nicht finden.
> Dann geh' ich zu den Lahmen auch,
> wohl in ein dunkles Gangerl,
> schnall' ihnen die Prothesen ab
> und spiel' mit ihnen Fangerl.

Refrain:
Krüppel ha'm so was Rührendes.
Krüppel ha'm was Verführendes.
Wenn ich so einen Krüppel seh',
wird mir ums goldne Wienerherz
recht warm und weh.

Ich sprach zu einem Mägdelein:
»Du hast nur einen Haxen!
mach Dir nichts draus, sei trotzdem mein!
Er wird Dir eh nicht wachsen.«
Da bracht' sich mir das Mägdlein dar,
im weißen Bettgehege.
Der abgeschnitt'ne Haxen war
durchaus mir nicht im Wege.

Refrain:
Krüppel ha'm so was Rührendes.
Krüppel ha'm was Verführendes.
Wenn ich so einen Krüppel seh',
wird mir ums goldne Wienerherz
recht warm und weh.

Ich leg stets die Binde an,
wenn ich die Stadt durchfahre,
denn Plätze in der Straßenbahn
sind meistens Mangelware.
Drei Punkte schwarz auf goldnem Grund,
euch weiß ich sehr zu schätzen.
Bin ich auch stark und kerngesund,
ein jeder läßt mich setzen.

Refrain:
Krüppel ha'm so was Rührendes.
Krüppel ha'm was Verführendes.
Wenn ich so einen Krüppel seh',
wird mir ums goldne Wienerherz
recht warm und weh.

Ein Mädel war bedient, o Graus,
ihr Name, der war Stasi.
Da beutle ich mein Staubtuch aus,
gleich unter ihrem Nasi.
Und fängt sie dann zu husten an,
speit Schleim sie und spuckt Blut sie,
sag' als perfekter Gentleman
ich höflich: »kutzi, kutzi!«

Refrain:
Krüppel ha'm so was Rührendes.
Krüppel ha'm was Verführendes.
Wenn ich so einen Krüppel seh',
wird mir ums goldne Wienerherz
recht warm und weh.

Qualtinger singt das Lied nicht gegen die Behinderten, die er ungeniert »Krüppel« nennt, sondern gegen die vorgebliche Fürsorglichkeit der »Normalen«. Man könnte an eine Wiener Variante des Monty-Python-Humors denken und durchaus auch an Shakespeares Richard III., den »Buckel« (engl.: *crookback*).
Meine Kinder hörten mich aus dem Hintergrund mit wachsendem Entsetzen. Was ich nicht sah, aber sie sahen,

war, dass für mich unsichtbar eine Zuhörerin in einem Rollstuhl meinen Gesang über sich ergehen lassen musste. In ihren Ohren musste ich mich zur bösen, gefühllosen Figur verwandeln, die Qualtinger entlarven wollte.

PS an dieser Stelle: Mein Sohn, der damals mit kindlichem Entsetzen meine versehentliche Geschmacklosigkeit miterlebte, kann das Lied inzwischen perfekt mit dem nötigen dekuvrierenden Sadismus vortragen.

Das »Schön wär's!«, das Til Mette seinen amputierten Raucher seufzen lässt, ist mir auch noch aus einem anderen Höllenwitz, den die Wirklichkeit eines Mordprozesses ans Tageslicht brachte, wie eingebrannt in Erinnerung. Aus der Operettenwelt lässt sich dieses »Schön wär's« als wehmütiges »Behüt dich Gott, es wär so schön gewesen / Behüt dich Gott, es hat nicht sollen sein« singen. In der Wirklichkeit eines protestantischen Pfarrhauses hörte es sich anders an.

5. GAR NICHT KOMISCH? ODER SCHRECKLICH KOMISCH?

Der Prozess gegen Pastor P. wegen Totschlags oder Mord findet gegen Ende des 20. Jahrhunderts statt, im Februar 1998. Und doch spielt er, und das in mehrerlei Hinsicht, in einer anderen, längst vergangenen Zeit. Um mit dem Äußerlichsten und Deutlichsten zu beginnen: Im Indizienprozess spielt eine Telefonzelle eine große Rolle, aus der der Pastor nachgewiesenermaßen telefoniert hat, einer der Fakten, die ihm zum Verhängnis wurden. »Telefonzelle«, das klingt heute schon unendlich weit passé, zurück. Nach Zeiten, da sich Männer heimlich von zu Hause fortschlichen, am Wochenende, wenn sie nicht ins Büro konnten, oder zu Weihnachten, wenn sie den häuslichen Kreis verließen, um mit ihren Geliebten zu telefonieren. Der bayrische Ministerpräsident Seehofer hatte da schon die Möglichkeit, das Handy zu nutzen mit seiner Berliner Kindsmutter, mit der er in Berlin durch berufliche Nähe auch sonst nah leben konnte. Weihnachten stand er in seiner Ingolstädter Heimat auf der eisigen, zugeschneiten Terrasse. Die SMS- und E-Mail-Zeit war da noch nicht eingeleitet.
Wie leicht man da in Anachronismen verrutschen kann,

hat Martin Mosebach in seinem jüngsten Roman erfahren müssen. *Das Blutbuchenfest* spielt während des Jugoslawienkrieges. Handys gab es da noch nicht und das iPad war noch längst nicht in Gebrauch. Wie selbstverständlich verrutschte der heute Schreibende aber zum Handy, ja sogar schon zum iPad, das ein trauriges Mädchen in Frankfurts S-Bahn vor sich hat, sodass sich der den Lichtschein in ihrem Gesicht beobachtende Ich-Erzähler in sie verliebt.

Wie radikal das digitale Zeitalter unser Leben verändert hat, weil es unsere Kommunikationsmöglichkeiten total veränderte, die dauernde Erreichbarkeit, die dauernde Kontrolle, macht so ein Strafprozess nachträglich deutlich. Die »reißende Zeit« (Hölderlin) hat eine beängstigende Fahrt aufgenommen.

Aber auch sonst ist der Prozess vor dem Landgericht in Braunschweig einer, der ein Leben und einen mörderischen Ausraster wie aus einer anderen Zeit, einer längst abgelebten Welt, zeigt. Klaus P., evangelischer Kirchenmann, hatte gewissermaßen in den protestantischen Kirchenadel hinaufgeheiratet. Sein Schwiegervater war ein renommierter Theologieprofessor, zu seinen Förderern und Freunden gehörte einer der namhaftesten Theologen der protestantischen Nachkriegskirche, die sich in Wochenendtagungen austauschten, über die nicht nur von christlichen Zeitungen wie dem angesehenen Blatt *Christ und Welt* berichtet wurde. Mit dem Anwesen in Beienrode, in einem Schlosspark gelegen, geriet er in eine christliche Gesprächs- und Tagungskultur, die die aufgeklärte, weltoffene Seite der christlichen Debattenkultur darstellte; er war zum Beispiel Vorsitzender der renommierten Aktion »Sühnezeichen«. All seine geistigen und religiösen Aktivitäten hatte er, der ein glänzender Rhetor mit blendender Ausstrahlung war, erheiratet. Die moralische Festigkeit seiner Ehe war der Anker, von dem er sich um den Verlust all seines Ansehens und all seiner Ehre nicht lösen konnte.

Leider suchte und fand dieser Kirchenmann seine Erfüllung aber auch in zahlreichen Seitensprüngen, und leider kam ihm dabei seine Frau auf die Schliche. Der alte Adam wurde ihm zum Verhängnis, ähnlich wie Kleists Dorfrichter in der klassischen Komödie *Der zerbrochne Krug*. Er war, wie das so schön heißt, eben »auch nur ein Mensch«, wie die Selbstdefinition des Libido-Getriebenen sich selbst entschuldigt. Etwa in Carl Sternheims Wilhelminischer Spießerkomödie *Die Hose*, in der der Ehemann mit dem Namen »Maske« seine Frau im gleichen Haus mit einer ältlichen Jungfer betrügt. Bei einem dieser »Fehltritte« sagt sie in einem metaphorischen Begütigungs- und Beschwichtigungsversuch: »Jeder Mensch ist schließlich auch nur ein Mensch.« Worauf Theobald Maske mit drastischer Rückübersetzung ins Faktische und Materielle sagt: »Gar nicht ›schließlich‹. Ich zwei Mal die Woche.«

Alles, auch die Unordnung, muss seine Ordnung haben. Schwejk übrigens, der unsterbliche Prager Schelm von Jaroslav Hašek, der seinem Oberleutnant aus der Patsche helfen muss, der wird, als ihn seine anderweitig verheiratete Geliebte heimlich besucht, dienstlich abberufen und bittet seinen Burschen, der Gnädigen in seiner Abwesenheit zu Diensten zu sein. »Waren Sie ihr zu Diensten?«, fragt der Offizier, als er zurückkehrt. Und der Bursche antwortet ihm salutierend: »Melde gehorsamst – zwei Mal.«

Pastor P. ist die Maske bei seinen Eskapaden immer wieder verrutscht. Er wollte so ungehemmt Mensch sein und doch pastoraler Moralist bleiben, dass der schöne Schein zu zerbrechen drohte. Eine Zeugin, die Haushilfe im P.'schen Haushalt, hatte mitbekommen, dass es im Pfarrhaus vor allem im letzten halben Jahr »häufiger gekracht« habe. Sie berichtete vor Gericht: »Die ersten Jahre war es liebevoll und gut. In letzter Zeit aber ist Frau P. auch öfter laut geworden.«

Laut geworden wegen Frauengeschichten, das war das, was er am wenigsten brauchen konnte. Und so schlug er seine Frau mit größter Brutalität und Heimtücke tot, abgelegen im Wald, mit einem Holzscheit, weil seine Triebkraft das in schierer Verzweiflung für die Lösung hielt, die ihm das Gesicht wahren konnte. Die Ehefrau hatte aus seinem Leben zu verschwinden, ohne nach außen hin über ihre Ehe und seine Seitensprünge laut werden zu können.

Er meldete sie als vermisst. Und bestellte gleichzeitig eine Pastorin aus Hamburg. (Im Prozessbericht wird die 41-Jährige als elegante und gepflegte Erscheinung geschildert. Wie es die Zeit damals vorzeichnete, erschien sie im Minirock.) Die beiden verbringen die Nacht im verwaisten Ehebett des Pastors. Er hat der Hamburger Kollegin gegenüber Verzweiflung über das Vermisstsein der Ehefrau geäußert und seine Einsamkeit so nachdrücklich geschildert, dass die Hamburger Pastorin zur liebevollen Hilfe herbeieilt, die Lücke zu füllen.

Am darauffolgenden Morgen klingelte es sehr früh. Die

Pastorin schreckte hoch und sagte so etwas wie: »Um Gottes willen, deine Frau!« Aber er wusste es schrecklich besser und sagte den ebenso furchtbar aufrichtigen wie furchtbar verlogenen Satz: »Schön wär's!«

Um dieses Satzes willen habe ich die Geschichte in ein Buch über Komik aufgenommen, weil dies eine geradezu satanische Pointe ist in einem protestantischen Pfarrhaus und im Ehebett der vom Mann hingeschlachteten Ehefrau: »Schön wär's.« Wie in Til Mettes Cartoon und in meiner Qualtinger-Geschichte aus Maria Wörth liegt die Pointe darin, dass sie nur aus einer für die eine handelnde Person verborgenen Perspektive erzählbar ist: für den amputierten Raucher bei Til Mette, für die ungeschützt meinem Lied ausgesetzte Rollstuhlfahrerin in meiner Qualtinger-Krüppel-Lied-Geschichte und meine sich vor ihr schämenden kleinen Kinder. Und den Pastor, der wusste, warum der früh am Morgen Klingelnde nur der Postbote sein konnte und niemals nimmermehr und keinesfalls seine Ehefrau.

Der Pastor wurde übrigens aufgrund eines merkwürdigen Indizes endgültig der Tötung seiner Ehefrau überführt: Er hatte die Gummistiefel, in denen er seine Frau am Waldesrand umgebracht hatte, im Geländewagen vergessen. Und an ihnen hafteten Spuren einer Ameisenart, die in dieser Gegend nur am Tatort vorkam. Später wurde er noch des Telefonats aus der Telefonzelle überführt. Bei dem Telefonat hatte er eine andere, während des Prozesses als »eine Torheit« bezeichnete Ex-Geliebte gebeten, die Gummistiefel zu beseitigen bzw. sie durch falsche Aussage seiner ermordeten Frau zuzuordnen. P. wurde also verurteilt. Mit ähnlichen Beweisen wie denen in Schillers Ballade *Die Kraniche des Ibykus*. Das Telefonat entsprach der Balladenzeile: »Doch dem war kaum das Wort entfahren, / Möcht er's im Busen gern bewahren«

Schuld und Sühne: Der fromme Mann verstarb ein Jahr nach seiner vorzeitigen Entlassung elendig an Krebs.

6. IM NAMEN DER ROSE

Wenn man mit Witzen »auf Tournee« ist wie ich in den letzten Jahren, bekommt man, wie schon erzählt, ein Echo, das manchmal dem Erzählten eine neue Qualität zufügt.

Beim Alter spielt die Vergesslichkeit eine große Rolle, die ältere Menschen mehr und mehr heimsucht. Selten eine Gnade, viel, viel öfter eine die Individualität vernichtende Bedrohung. Oft also hatte ich die Witze erzählt, zum Beispiel von dem Mann, der dem Arzt sagt, er laufe immer noch den jungen Frauen hinterher. Und als der Arzt sagt: »Und wo ist das Problem?«, traurig antwortet: »Ich hab vergessen, warum.«

Früher, im *FAZ*-Proust-Fragebogen, das war vor dreißig Jahren, habe ich als mein Lebensmotto den Refrain aus der *Fledermaus* angegeben: »Glücklich ist, wer vergisst, was doch nicht zu ändern ist.« Es erschien mir als nonchalantes Achselzucken, als eine mögliche operettenhafte Antwort auf das Unabänderliche, ein heiterer Fatalismus. Heute weiß ich es besser. Und möchte lieber nichts vergessen, auch nicht das Unabänderliche, zu bequem zu Vergessende (wie bei Strindberg: »Durchstreichen und weitergehen«), aus Angst, alles im Vergessen aufs Spiel zu setzen. Verdrängen ja, vergessen nein – auch das kann nicht gut gehen, weil zu viel auf dem Spiel steht und dem Vergessen anheimfällt.

So handeln Witze von der Vergänglichkeit und dem Vergessen in der Veränderung. Etwa die Geschichte von der Abiturfeier.

Zehn Jahre nach dem Abitur verabredet die Abiturklasse zum Jubiläum ein Klassenfest. Der ehemalige Klassensprecher kommuniziert mit den Schulfreunden, um zum Klassentreffen ein Lokal auszumachen. Man einigt sich auf den *Gasthof zur Linde* in der Schulstadt. »Ja«, sagen die ehemaligen Schüler, »da gehen wir gerne hin, da gibt es gutes Essen und auch hübsche junge Saaltöchter, und überhaupt.«

Zehn weitere Jahre vergehen. Wieder schlägt der ehemalige Klassensprecher den *Gasthof zur Linde* vor. »Wunderbar«, sagen alle, »das Essen ist dort leicht und gut bekömmlich. Man erreicht das Lokal bequem, und wir werden uns dort vertraut fühlen, weil wir uns an alte Tage erinnern.«

Wieder zehn Jahre später. Wieder wird der *Gasthof zur Linde* vorgeschlagen. »Großartig«, sagen die inzwischen älter gewordenen Damen und Herren. »Da wird eine bekömmliche Diätküche angeboten. Es zieht in den Räumen nicht. Man muss keine Treppen steigen. Die Toilette liegt ebenerdig und nicht im Keller.«

Schließlich vierzig Jahre später – einige können zum Klassentreffen nicht mehr kommen, sie sind »verhindert«, unabkömmlich verhindert. Aber wieder schlägt der rüstige Klassensprecher den *Gasthof zur Linde* vor. Als er das einem der Klassenkameraden am Telefon eröffnet, sagt der: »Großartig. Der *Gasthof zur Linde*. Endlich mal was anderes. Da waren wir, glaube ich, noch nie.«

Ende des Zweiten Weltkrieges, die Siegesstimmung war längst einer betrübten Hoffnungslosigkeit und ernüchternden Angst vor dem Ende mit Schrecken gewichen, gab es ein Lied, das Propagandaminister Goebbels per Radio, also per Volksempfänger, seinen Volksgenossen zusätzlich zu den Durchhalteparolen verschrieb. Marika Rökk sang es, und es ging folgendermaßen:

Bin ich allein zu Haus, schau ich zum Fenster raus
Und seh halt zu, was da geschieht,
Wenn ich das alles seh, Frühling und Herbst und Schnee,
Dann sag ich mir sooo wie mein Lied.

Im Leben geht alles vorüber,
Auch das Glück, doch zum Glück auch das Leid.
Erst weinst du, dann lachst du darüber.
Und zum Schluss wird aus Leid Seligkeit.
Mit 20 liebst du nachts den Mondenschein,
mit 40 Sonnenschein, mit 60 nur den Wein.

Im Leben geht alles vorüber,
nutz die Zeit, lass uns heut glücklich sein.

Wenn man so recht bedenkt, wie's oft am
Fädchen hängt,
ob man sich hasst oder sich liebt.
Nimmt man den Standpunkt ein, stets Philo-
soph zu sein,
Weiß diesen Punkt und freit doch nie.

Im Leben geht alles vorüber,
Auch das Glück, doch zum Glück auch das Leid.
Erst weinst du, dann lachst du darüber.
Und zum Schluss wird aus Leid Seligkeit.
Mit 20 liebst du nachts den Mondenschein,
mit 40 Sonnenschein, mit 60 nur den Wein.
Im Leben geht alles vorüber,
nutz die Zeit, lass uns heut glücklich sein.

Der tröstliche Hauch, der durch dieses Lied wehen sollte,
Wehmut in Fassung zu verwandeln, spiegelt sich auch
im Witz vom *Gasthof zur Linde*. Ein »Glücklich ist, wer
vergisst« schwingt da durch die Begegnungen der alten
Herren. Ein Hauch von Feuerzangenbowle – bis zum
gnädigen Vergessen.
Zu der Pointe »passt« allerdings ein ganz anderer Witz.
Er stammt aus Deutschlands Restaurationszeit nach dem
Krieg, als die Deutschen unter Adenauer sich in eine ka-
tholische Zeit des Kulturkampfes zurückversetzt fühlten
und darauf entsprechend »humorig« (also mit dem Weg-
lachen des Problems) reagierten. Deutschlands größter

Humorist des 19. Jahrhunderts, der Norddeutsche Wilhelm Busch, hat den klassischen Kulturkampf im Bismarck-Reich mit vielen antiklerikalen Bildergeschichten beschrieben, indem er Heiligenleben persiflierte, zum Beispiel, eher am Rande, in seiner *Madame Bovary*, wie man seine Bilder-Geschichte der *Frommen Helene*, ein Frauenleben, das von Kirche, Männern und Alkohol gleichermaßen bis zum bitteren Ende ruiniert wird, nennen könnte. Oder auch im Leben des *Heiligen Antonius von Padua*.

Nun aber zur Geschichte von der Heiligen Familie, die im Himmel berät, wo sie denn auf Erden die Sommerfrische, den Urlaub verbringen solle:

»Lourdes!«, schlägt Jesus vor. »Wir fahren diesmal nach Lourdes.«

Da schaut ihn seine Mutter, die Gottesmutter Maria, gequält an.

»Nein, bitte nicht nach Lourdes. Ich kann das Gewusel und den Andenkenkitsch dort nicht ertragen. Wie man mich dort verehrt, das geht mir gründlich auf den Geist. Lass uns doch lieber nach Jerusalem fahren!«

Darauf schaut Jesus seine Mutter an. Vorwurfsvoll. »Mama, du weißt doch, was mir dort passiert ist. Also da möchte ich ganz gewiss nicht hin.«

Begütigend schaltet sich Gottvater in den sich anbahnenden Familienzwist ein. »Nach Rom«, sagt er, »lasst uns dieses Jahr nach Rom gehen.«

»Oh ja«, sagt da der Heilige Geist, »prima! Da
war ich noch nie!«

Nicht, dass er es vergessen hätte, könnte man erklärend
hinzufügen, müsste man den Witz erklären. Sondern dass
er am Sitz von Gottes Stellvertreter auf Erden von Anfang
an vergessen wurde.
Bei einer Lesung in Wolfenbüttel, wo der Jägermeister erzeugt wird und Lessing Bibliothekar war, weshalb es eine
große Bibliothek gibt, war ich nach einer Lesung bei der
traditionellen Buchhandlung noch im alten Fachwerk-
haus, das die Buchhändlerin am Markt bewohnte – ihre
Buchhandlung führte bereits ihr Sohn –, zu einem kleinen Imbiss und Umtrunk nach der Lesung eingeladen. Mir
fiel in der Stadt, wo der große Aufklärer einst gelebt und
gearbeitet hatte, übrigens ein ebenfalls antiklerikaler Witz
ein, den Lessing in einen Fünfzeiler gekleidet hatte.

> Ein Hurenhaus geriet um Mitternacht in Brand.
> Schnell sprang, zum Löschen oder Retten,
> Ein Dutzend Mönche von den Betten.
> Wo waren die? Sie waren – – bei der Hand.
> Ein Hurenhaus geriet in Brand.

Nun hatte ich auch in Wolfenbüttel Vergesslichkeitswitze
von uns Alten zum Besten gegeben. Zum Beispiel den, wo
ein Achtzigjähriger den anderen Achtzigjährigen fragt:
»Sag mal, warum nennst du, ihr seid doch schon eine
Ewigkeit verheiratet, deine Frau immer noch ›mein Herz-
chen‹, ›mein Schätzchen‹, ›mein Liebchen‹?« Darauf der
andere gequält: »Weil ich vergessen habe, wie sie heißt!«

Und dann sprach mich meine Gastgeberin an und erzählte mir eine Geschichte, die dem Vergesslichkeitswitz einen völlig neuen Dreh, einen überraschenden Twist gibt:

Zwei alte Ehepaare laden sich gelegentlich wechselseitig zum Sonntagsessen ein. Da geht es gemütlich, altmodisch zu. Während nach dem Essen die Frauen die Küche gemeinsam aufräumen, sitzen die Männer schon in der guten Stube und unterhalten sich bei einem Jägermeister und Kaffee. Und der eine erzählt: »Du, ich und meine Frau, wir waren neulich in einem neuen Restaurant. Wir waren sehr angenehm überrascht. Es gab da köstlichen Fisch, sehr gute Salate. Man hatte einen schönen Blick, und die Bedienung war sehr freundlich. Da müsst ihr unbedingt hin.«
Darauf fragt der andere: »Wie heißt denn das tolle Restaurant?«
Darauf druckst der erste Mann, sagt »äh« und »ähm« und fragt dann: »Äh, wie heißt denn diese, äh, Blume, die hat einen langen Stiel, oben eine schöne große Blüte und ringsherum um den Stiel so Stacheln, oder, äh, Dornen?«
Darauf der andere: »Rose?«
Kaum hat der Erste das gehört, da dreht er sich zur Küche, wo die beiden Frauen mit dem Geschirr zugange sind, und ruft: »Rose! Wie heißt das Lokal, das wir neulich entdeckt haben?«

7. ZUCKER UND ZIMT –
ACHTUNG, TABUZONE!

Als ich 1974 von Stuttgart zur *Zeit* nach Hamburg kam, arbeitete die Redaktion der *Zeit*, deren Herausgeber Gerd Bucerius war, im Pressehaus. Dort nahm sie ein Stockwerk ein, im gleichen Haus wie der *Spiegel* verortet und der *Stern*, wie die *Morgenpost* – alles unter einem Dach. Dass die *Zeit* anfangs noch nicht das Renommee hatte, das sie später, vor allem unter der ersten deutschen Chefredakteurin, der Gräfin Dönhoff, erwarb, geht schon allein aus der Tatsache hervor, dass das Wappen, das ihr Kopf auf Seite 1 bis heute trägt, das Bremer Wappen ist und nicht das Hamburger Stadtwappen. Die Stadt Hamburg weigerte sich damals, ihr Wappen für den *Zeit*-Kopf zur Verfügung zu stellen. Später sollte es eines der Signets sein, die die Bedeutung Hamburgs in alle Welt hinausstrahlen: Die *Zeit* führte damals Buenos Aires und Toronto sowie Kapstadt als Druckorte im Titel. Das war schon was.

Damals gab es ein Zeitungsaufblühen, eine Aufbruchszeit in immer höhere Auflagen, ein immer größeres Anzeigenaufkommen, Redaktionen, die ihr Personal aufstockten. Das Zeitungssterben des digitalen Zeitalters stand noch in weiter Ferne. Die unter dem Dach des Pressehauses am Hamburger Speersort vereinigten Zeitschriften und Magazine wurden zu Giganten des deutschen Pressewesens und zogen in (damals) imposante Neubauten. Der *Spiegel* an die Brandstwiete in einen Neubau, der als Erster (wow!) eine Klimaanlage hatte. Der *Stern* an die Alster, wo er sein Waterloo mit den Hitler-Tagebüchern erlebte, von dem er sich bald wieder berappelte, aber nie wieder ganz erholen sollte.

Im Pressehaus erlebte der *Spiegel* die Besetzung der Redaktion durch die Bundesanwaltschaft und den Aufstand der deutschen Öffentlichkeit, der die Pressefreiheit verankerte und der die deutschen Zeitungen als »vierte Macht« etablierte. Es waren Jahre des Voranstürmens, bei dem sich die einst im Pressehaus versammelten Journalisten in Konkurrenz, also *Stern*, *Spiegel* und *Zeit* wie auch *Morgenpost*, zu friedlich und schließlich feindlich konkurrierenden Mediengiganten entwickelten, die sich in den Achtundsechziger-Schlachten schließlich als Gegner betrachteten.

Das *Spiegel*-Hochhaus wird inzwischen von Hamburger Behörden benutzt. Der *Stern* ist in die Hafen-City umgezogen. Die legendäre Kantine des *Spiegel* mit ihren Bonbonfarben wurde inzwischen ins Museum verbannt und mit der Abrissbirne geschleift. Springer baute sein Hochhaus in Berlin nahe an der Mauer (und das war ein gewaltiges Signal für die »Frontstadt« Berlin). Nur die *Zeit* befindet sich noch im Pressehaus. Um von der gewaltigen deutschen Geschichte, ja Weltgeschichte, zu den Niederungen des Humors und des Witzes zurückzufinden: Sie hatte damals eine Humorseite, die der Redakteur Erhard

Kortmann betreute, der auch für den Witz und den Humor des *Stern* sorgte.

Kortmann also sorgte für Lustigkeit, Witz, Spott und Satire sowohl für die *Zeit* als auch für den *Stern*. Gerd Bucerius war für beide Blätter gleichzeitig Herausgeber und Herausnehmer. Was er beim *Stern* erwirtschaftete, steckte er auch in die *Zeit* – zum Beispiel den von Erhard Kortmann bewirtschafteten Humor. Das waren damals noch ruppigere, hemdsärmelige Zeiten. Erst viel, viel später sollte die Zeitstiftung die Bucerius Law School als Privatuniversität betreiben und Hamburg ein Literaturhaus spendieren.

Die Redakteure hatten schon das britische Flair, redeten sich, nach britischem Muster, gleichzeitig mit Sie und Vornamen an. Die Gräfin nannte Bucerius »Buc« und »Butz«. Und er Gräfin Dönhoff »Gräfin«. Beider Stellvertreter, Theo Sommer, wurde von beiden und den anderen Redakteuren »Ted« genannt. Damals hätte man längst das Wappen der Stadt Hamburg für den Zeitungskopf führen dürfen. Doch aus Trotz und Stolz blieb man bei Bremen.

Bei den Konferenzen der Ressortleiter wurde Käse und Portwein serviert, weshalb sie (ich glaube, bis heute) »Käsekonferenzen« hießen. Die Redakteure, so »britisch« war man bei der *Zeit*, bekamen für Bewirtungszwecke eine Flasche edlen Scotch geliefert. Und man hatte, wie gesagt, »Humor« – eine Humor-Seite, die eher zum Schmunzeln als zum brüllenden Lachen gedacht war. Wer dem großartigen Humorbetreuer Kortmann aus der Redaktion einen Witz lieferte, konnte natürlich nicht honoriert werden. Aber als eine Art ehrenvolle Anerkennung erhielt er (oder sie) eine Flasche Scotch, kann sein, dass es ein Dimple oder doch nur ein Red Label Johnnie Walker war. Es war eine Frage des Jahrgangs.

Apropos Johnnie Walker: Die Anzeigenlage war damals so gut, dass es sich der *Spiegel* in jenen Jahren leisten konnte, eine Johnnie-Walker-Anzeige (»Der Tag geht, Johnnie Walker kommt«) neben einen Text über die Folgen des Alkoholismus zu stellen und im Text den Werbe-Slogan, der als ganzseitiges Inserat auf der gegenüberliegenden Seite farbig glänzte, so zu variieren: »Wenn der Tag geht, kommt nicht nur Johnnie Walker, sondern auch Armut, Krankheit, gesundheitliche Zerrüttung.«

Dennoch »verdiente« ich mir meine erste und einzige Flasche Johnnie Walker mit einem Witz, den ich Herrn Kortmann erzählte. (Er hatte als *Stern*-Redakteur einen Familiennamen, so britisch war nur die *Zeit*, und ich war für ihn nicht »Hellmuth«, sondern »Herr Karasek«.) Der Witz ging so:

Was ist der Unterschied zwischen einem
Grießbrei und einem Epileptiker?
Antwort: Der Grießbrei liegt in Zucker und
Zimt. Der Epileptiker im Zimmer und zuckt.

Mir und wohl auch Kortmann kam es nicht darauf an, einen Epileptiker zu verhöhnen, sondern wir amüsierten uns wohl eher an dem dadaistischen Effekt des Witzes: Wenn er »Zucker und Zimt« auf »Zimmer und zuckt« zum Schüttelreim umformt, dann entsteht im Kopf neben dem Verb »zucken« das Verb »zimten«. So weit, so gut. Kaum war der Witz erschienen, ließ mich die Gräfin zu sich kommen und zeigte sich *not at all amused.* Man dürfe doch keine Scherze über Krankheiten machen. »Stellen Sie sich vor«, sagte sie, »Sie hätten einen Epileptiker in der Familie.« So oder so ähnlich sprach sie. Aber die Milch, respektive der Grießbrei war verschüttet.

8. DIE ZEIT, ALS DIE »WITZE DER ›ZEIT‹« ERSCHIENEN

Es versteht sich von selbst, dass mein »Zucker und Zimt«-Witz nicht in dem Büchlein *Die besten Witze der Zeit* erschien, das Erhard Kortmann 1970 herausgab. Es war ein erfolgreiches kleines Buch. Ich besitze einen Band der 3. Auflage, 21. bis 30. Tausend, 1972. Es ist also eine erfolgreiche Sammlung von Witzen, die typisch für die Siebzigerjahre sind. Politisch war das die Zeit, die in der Geschichte der Bundesrepublik als »Die Ära Brandt« bezeichnet wird. Im September 1969 fanden die Wahlen zum 6. Deutschen Bundestag statt. Er sollte auf den Straßen und Plätzen der Bundesrepublik zu großen spontanen Kundgebungen der jungen Menschen und des offenen Bürgertums für einen Neubeginn der verkrusteten Gesellschaft der Bundesrepublik führen.

Im Oktober begannen die Koalitionsverhandlungen zwischen Walter Scheel und Willy Brandt, der am 21. Oktober 1969 vom Bundestag mit 251 gegen 235 Stimmen bei fünf Enthaltungen und vier ungültigen Stimmen zum Bundeskanzler gewählt wurde. Es war die Zeit der sozialliberalen Koalition, zuerst zwischen Brandt und Scheel (der Vizekanzler wurde), später zwischen Brandt und Genscher. Es war die Zeit, in der die Bundesrepublik die Phase der Entspannung zwischen Ost und West einleitete, die Zeit, die Brandt in seiner Regierungserklärung mit dem bejubelten und angefeindeten Satz »Mehr Demokratie wagen!« einleitete. Es war der Beginn der neuen Ostpolitik, die auf »Wandel durch Annäherung« setzte statt auf Block-Denken und Konfrontation. Es war auch die Zeit, in der der Kampf gegen den Abtreibungsparagrafen, gegen den Homosexuellenparagrafen begann. Gleichberechtigung zwischen Mann und Frau, Gleichstellung im Beruf. Ein *Stern*-Titel der damaligen Zeit hieß: »Ich habe abgetrieben« – prominente Frauen stellten sich in ihm selbst an den Pranger der Strafbarkeit. Kurzum: Es war eine Zeit, die Tabus auflöste, Verhärtungen und Verkrustungen aufbrach. Um es auch mit einem politischen Signal zu kennzeichnen: Gerd Bucerius, Herausgeber des *Stern* und auch der *Zeit*, legte damals sein Bundestagsmandat für die CDU nieder, um den Ostkurs der beiden Magazine, den sowohl Henri Nannen für den *Stern* als auch Gräfin Dönhoff für die *Zeit* publizistisch mittrugen, unbelastet mittragen zu können, ohne seiner Partei und (oder) seinen Publikationsorganen zur Last zu fallen.

Wie spiegelt sich das nun in der Witz-Sammlung des *Zeit*-Büchleins wider? Die *Zeit* war ja die Zeitung, hinter der sich das aufbrechende Bürgertum versammelte, das sich nach »links«, nach dem »Osten« orientiert und aus der Enge der Sexuallehre der Kirchen gelöst hatte. Ich kann nur sagen, als ich jetzt die Probe aufs Exempel machte und die Witze wieder las, war ich erstaunt, wie zurückgeblieben spießig, bieder, ja altbacken sich heute eine Witzsammlung ausnimmt, die doch der Zeitung ent-

sprechen sollte, die dem aufgeklärtesten, fortschrittlichs-
ten, offensten Teil der Bürger der Bundesrepublik entsprach.

Auf der Rückseite des Buch-Covers ist das Bild eines
Lesers mit Zwirbelbart und blauer Zwickelbrille (die Il-
lustrationen stammen von Dieter Lange, nach der Berliner Rixdorfer Schule) abgebildet, der in die aufgefaltete
Zeit hineinblickt, um da den folgenden Witz zu lesen:

»Nein!«, schrie das Tausendfüßler-Mädchen
und kreuzte die Beine, »tausendmal nein!«

Lassen wir diesen Witz so stehen, als Tierwitz, der sich als
Analogie die tausendfachen Abwehrmechanismen eines
Tausendfüßler-Mädchens kurz vor ihrem gewalttätigen
Bedränger vorstellt. Mich hat er an den 1984er-Schlager
»Tausendmal berührt / Tausendmal ist nichts passiert« des
Sängers Klaus Lage erinnert. Einerseits. Und andererseits
an den tschechischen Film von der *Tochter des Wilddiebs*,
in dem ein junges Mädchen einem jungen Mann die Geschichte ihrer Genesis in Stummfilm-Manier erzählt.
Man sieht einen Mann, der sich über ein Mädchen hermacht. »Nein!«, schreit es, was in Stummfilm-Manier
»NEIN!!« übergroß und mit riesigen Lettern dem Ein-
dringling entgegengeschleudert wird. Das Nein wird immer kleiner und kleiner, bis es winzig ist. Und dann spricht
sie, aus dem Stummfilm heraus, in den modernen Ton-
film hinein: »Und diesem letzten Nein verdanke ich mein
Leben!« Lustig? Vielleicht! Aber sehr aus der Zeit vor
jedem feministischen und emanzipatorischen Frauenbild.

Oder der folgende Witz, der natürlich der Tatsache Rechnung trägt, dass die *Zeit* in Hamburg erscheint und es in Hamburg bekanntlich das Vergnügungsviertel St. Pauli gibt:

> Herr und Frau Bohmke kommen von der Reise
> zurück. Ursula, die gerade volljährige Tochter,
> erzählt ihnen, dass sie als Striptease-Tänzerin
> engagiert worden sei und in einem Nachtlokal
> auf St. Pauli auftrete.
> Die Eltern sind sprachlos.
> Schließlich tröstet die Mutter ihren Mann.
> »Is ja man gar nich so schlimm, Heinrich –
> wenn die Bühne immer gut geheizt ist.«

Das ist in Klein-Erna-Manier erzählt, wo man immer »praktisch« denkt, aber im Unterschied zu den meisten Klein-Erna-Witzen trotzdem harmlos.
Ebenso bieder ist der kulinarische Witz:

> »Bitte geben Sie mir ein Dutzend Austern für
> meinen Mann.«
> »Große oder kleine?«
> »Er hat Kragenweite fünfzig.«

Und der Sex? Und der Kannibalismus?

> Eine entzückende Blondine, die mit einem
> Flugzeug über dem Urwald abgestürzt ist, wird
> zum Häuptling der Kannibalen gebracht. Der
> leckt sich die Lippen und sagt zu seinem Koch:

»Ich glaube, ich werde morgen im Bett frühstücken.«

»Statt eines Vorworts« erzählt das Buch ebenfalls einen
Kannibalen-Witz:

Ein Kannibale, der seit einiger Zeit unter heftigen Kopfschmerzen leidet, geht zum Medizinmann. Der untersucht ihn freundlich und stellt
folgende Diagnose: »Du frisst zu viele Intellektuelle.«

Wenn schon Kannibale, dann wenigstens Intelligente Verspeisende in einem Intelligenzblatt – mag sich der Herausgeber gesagt haben. *Noblesse oblige.* Intelligenz verpflichtet.
Da lob ich mir den unintelligenten Witz von den zwei
Bonner Stipendiaten, die in ihre afrikanische Heimat zurückkehren. Und beim Menschenfressen genüsslich sagen:
»Das ist doch ganz was anderes als der Fraß in der Bonner
Mensa!« Wenigstens der Krieg der Kulturen spiegelt sich
in diesem Witz.
Natürlich gibt es auch sehr gute, zeitlose Witze in der
Sammlung. Aber leider auch den folgenden:

»Angeklagter!«, ruft der Staatsanwalt. »Erklären
Sie jetzt den Herren Richtern, warum Sie Ihre
Frau mit Pfeil und Bogen erschossen haben!«
»Meine Kinder schliefen im Zimmer nebenan.
Ich wollte sie nicht wecken.«

Und schließlich, als letztes Beispiel:

> Gedankenverloren streicht ein Filmproduzent
> einem Starlet über das niedliche Hinterteil
> und murmelt: »Wenn du das alles im Kopf
> hättest ...«

Der ist so schlecht, dass er schon wieder unfreiwillig gut
ist. Denn er zeigt sozusagen Brüderle-gerecht, was Männer
so alles im Kopf haben. Da bleiben sich die Zeiten gleich.
Am lustigsten ist das erste Wort des Witzes: »gedanken-
verloren«. Es zeigt (vielleicht unbeabsichtigt), wohin
Männer ihre Gedanken verlieren.
Natürlich gibt es auch »Klassiker«, und das sind vor allem
Witze über das Fremdgehen und über Seitenspringer, die
alle zwei Grundregeln gehorchen. Die eine hat Biermann
so formuliert: »Was verboten ist, das macht uns scharf.«
Sie gilt für Sex wie für die Politik. Die andere lautet: »Wo
ein Wille ist, ist auch ein Ausweg.« Sie kann man auch
so formulieren: »Not (sprich: Trieb) macht erfinderisch.«
Und so spiegelt sich die Geschichte der Sexualität, das
Auf und Ab von Gebot und Übertretung, von Gesetz und
Überschreitung auch im Witz über den Sex. Einer der
»Klassiker« ist der:

> Treffen sich zwei Freunde im Tennisclub in
> der Umkleidekabine.
> Sagt der eine: »Seit wann trägst du einen
> Büstenhalter?«
> Sagt der andere: »Seit meine Frau ihn im
> Handschuhfach gefunden hat.«

Das ist eine Geschichte, deren Ursprung im Amerika der Vierzigerjahre vermutet werden darf, als der Seitensprung mobil wurde und sich ins parkende Auto am einsamen Waldesrand verlegte oder gar zur Blüte der Drive-in-Kinos führte. In der *Zeit* taucht er auf, aber in einer merkwürdigen Variante. Und das Anfang der Siebzigerjahre. Also:

In der Garderobe eines Tennisclubs ziehen sich zwei Männer an. Bevor der eine seine Hosen anzieht, zwängt er sich in einen Hüfthalter.
»Seit wann trägst du das?«, fragt der andere.
»Seit meine Frau so etwas im Handschuhfach meines Autos gefunden hat.«

Es geht nicht um das gravitätische »das« und »so was«, das man anzieht. Sondern um die Tatsache, dass der BH hier durch einen Hüfthalter ersetzt wird. Trugen deutsche Ehefrauen den damals noch? Auch wenn die Ehepaare jung und der Mann zum Seitensprung im Auto gelenkig genug waren? War hierzulande mehr Hüftspeck und weniger Diät angesagt? Wie gesagt: Witze spiegeln immer auch Kulturgeschichte.

Es gibt in der Sammlung, die in eine Epoche der größten gesellschaftlichen, politischen und moralischen Umwälzungen fällt, nicht einen politischen oder gesellschaftsbezogenen Witz – obwohl die *Zeit* an diesen Prozessen großen Anteil hatte. Das zeigt, dass die Witzeseite, die der Fundus dieser Sammlung ist, ein Fremdkörper war, der bald darauf eingestellt wurde.

Mein Witz über den Grießbrei und den Epileptiker fiel unter die Kategorie »Behindertenwitze«. Schadenfreude und Anteilnahme halten sich hier das Gleichgewicht. Zum Beispiel erzähle ich unbedingt und gern einen Stotterwitz, der erzählt natürlich viel besser wirkt, als wenn man ihn nur lesen kann:

Zwei Freunde in Hamburg. Der eine stottert. Der andere nicht. Da liest der andere zufällig eine Annonce in der Zeitung, für eine Stotterer-Schule (in der man bekanntlich nicht das Stottern lernt, sondern es sich abgewöhnen soll). Der Text der Anzeige lautete: »Garantiert stotterfrei in 30 Tagen. Falls nicht, Geld zurück. Schule ›Ungehemmt sprechen‹, Falkenstraße 77.«
Der Nichtstotterer schneidet sich die Anzeige aus der Zeitung und gibt sie seinem stotternden Freund. »Vielleicht ist das eine Chance. Versuch's doch mal.«
31 Tage danach treffen sich die beiden auf dem Jungfernstieg. »Na, wie war's in der Schule?«, fragt er seinen Freund.
Der legt, ohne zu zögern, los: »Fischers Fritz fängt frische Fische. Frische Fische fängt Fischers Fritz.«
»Na also«, sagt der andere. »Geht doch schon großartig.«
Darauf der andere: »B-b-b-bloß pa-pa-pa-pa-passt nicht i-i-immer.«

Man kann es auch mit einem anderen Zungenbrecher erzählen. Etwa mit: »Der Cottbuser Postkutscher putzt den Cottbuser Postkutschkasten.« Das Schöne am Cottbuser Postkutscher ist Folgendes: Vor einigen Jahren hatte ich in Cottbus (es liegt hundertzwanzig Kilometer von Berlin in der Niederlausitz und hat hunderttausend Einwohner) eine Lesung. Und als ich durch die Stadt spazierte, sah ich: Es gibt ihn tatsächlich, den Cottbuser Postkutscher. Er ist sogar eine Touristenattraktion, betreibt ein Fremdenverkehrsgewerbe. Ein Zungenbrecher verwandelt sich in eine reale Gestalt. Seit der Zeit warte ich, dass ich Fischers Fritz als Menschen kennenlerne, wie er an der Havel frische Fische fängt. Oder im Zucker liegt und zimt.

Dass man Stotterwitze nicht vor Stotterern erzählt, dafür gibt es selbst einen Witz, der die Gefahren dessen heraufbeschwört.

In der Straßenbahn in München. Ein eben Eingestiegener fragt einen ihm gegenübersitzenden Mann: »E-e-entschuldig-g-gung, wie-wie-wie viel Stationen sind es bi-bi-bi-bis zum B-b-b-bahnhof?«

Der andere bleibt stumm. Als der Stotterer beim Bahnhof ausgestiegen ist, sagt ein anderer, der dem Stotterer Auskunft gegeben hatte, zu dem Stummgebliebenen: »Sie waren aber nicht sehr nett zu dem armen Mann!«

Darauf der: »G-g-g-glaub-b-ben Sie, i-ich la-la-la-lasse mich ohrfeig-g-gen?«

Mein liebster Stotterwitz ist ein infantiler Stotterwitz auf Pipi- und Kaka-Niveau:

> Ein Stotternder ist von Frankfurt nach München gezogen. Monate später besucht er seine in Frankfurt gebliebenen Freunde, die ihn fragen, wie es ihm denn in München gefiele. Das sei doch eine Kunststadt. Und ob er denn schon in der berühmten Pinakothek gewesen wäre.
> »Nein«, gesteht der. »Je-je-jedes Ma-ma-mal, wenn ich da-danach frage, werde ich zu einer To-to-toilette geschickt.«

Man sieht: In Witzen kaufte sich niemand einen Stadtplan. Und ein Smartphone gab es damals auch noch nicht.

Bleiben wir für einen Moment des Abschweifens beim telefonischen Anachronismus, den wir schon bei Pastor P. erlebt hatten. Als ich »klein war«, Ende der Dreißigerjahre, gab es schon das Telefon. Und wir, meine Familie, hatten sogar schon eins. Und da gab es den infantilen Telefonstreich-Witz, dass man irgendjemand Beliebigen anrief, und wenn der seinen klobigen Hörer abnahm und »Hallo« sagte (»Hallo« ist inzwischen längst eine Begrüßung, die sich vor Urzeiten vom Telefonieren gelöst hat), dann fragte man ihn: »Haben Sie 3210?« (»Zweiunddreißig Zähne«, in Worten) Und wenn er »Nein« antwortete, sagte man: »Dann lassen Sie sich welche einsetzen!«

Sehr kindisch. Und lange, lange vor dem Zahnimplantats-Zeitalter. Wenn ich mir die Reihenhaus-Gartenzwergidylle der Fünfzigerjahre zurückrufe, dann fällt mir ein, dass in den gebohnerten Vorzimmern ein eigenes Halterbrett für das Telefon an die Wand gehängt war, auf dessen Brett das klobige Ding mit der runden Wählscheibe stand. Und daneben ein Wandspruch:

> Lass dich durch einen Fernspruch nicht aus der Ruhe bringen. Denk immer an den Kernspruch des Götz von Berlichingen.

Kernspruch – Fernspruch, was für ein altväterlicher Binnenreim, der längst von hinnen gegangen ist! Und auch die feine Anspielung auf Götz von Berlichingen ist verstorben, der Kraftspruch, den Ritter Götz kraftmeierisch ausstößt – »Sag ihm, er kann mich im Arsch lecken« –, ist längst dem Satz »Am Arsch leckst mi« (in Bayern) drastisch gewichen. »Am« – nicht wie beim Sturm-und-Drang-Goethe »im«. Niemand sagt mehr »Götz von Berlichingen«, wenn er jemanden auffordert, ihn am Arsch zu lecken.

In den Jahren, als ich bei der *Zeit* als Theaterkritiker und später beim *Spiegel* in der Jury des Berliner Theatertreffens arbeitete, fuhr ich oft mit dem Auto nach Berlin. Die Mauer war seit 1961 errichtet. Ich durfte aber, in Zeiten, in denen der *Spiegel* kein Einreiseverbot in die DDR hatte, über die Friedrichstraße mit einem Eintages-Visum nach dem Zwangsumtausch von zuerst fünf, zuletzt 25 DM in den Osten und hatte es nur ein paar Schritte bis zum Theater am Schiffbauerdamm, das nach dem Tod von Bert Brecht unter der Witwe Helene Weigel zum Pilgerort für alle Theaterleute, von New York, London, Paris, Mailand und der Bundesrepublik avanciert war. Manchmal war *Spiegel*-Redakteuren der Zutritt in den Ostsektor (»Achtung! Sie betreten jetzt das demokratische Berlin!«) untersagt, zum Beispiel nach einem *Spiegel*-Titel über die Zwangsadoption der Republikflüchtlingskinder.

Die Fahrt von Hamburg nach Berlin ging lange Jahre über eine Bundesstraße nach Berlin Dreilinden. Man kam damals erst an Ribbeck im Havelland vorbei, wobei mir jedes Mal das Fontane-Gedicht von *Herrn von Ribbeck auf Ribbeck im Havelland* einfiel, der einen Birnbaum für die armen Kinder der Umgebung gepflanzt hatte; der Birnbaum flüsterte noch nach seinem Tod »Lütt Dirn / Kumm man röwer, ick hebb 'ne Birn.« Die Sozialtat eines Junkers, lange vor dem real existierenden Sozialismus. Dann, nach Ribbeck, bog man scharf ab und hatte in der Nähe Berlins die Kasernen der Roten Armee zu fürchten. Nicht weil sie einen bedroht oder angegriffen hätten. Sondern weil ihre Lastwagen im herbstlichen Dunkel meist ohne Licht fuhren. Später wurde dann von der »Be ER De« die Autobahn nach Berlin gebaut, auf der man in drei Stunden von Hamburg nach Berlin fahren konnte. Zwei Mal wurde man kontrolliert, an der Grenze zu Brandenburg und eben in Dreilinden an der Grenze zu Ost-Berlin, der Hauptstadt der DDR. Es war die »Gänsefleisch«-Zeit, so genannt, weil die meist sächsisch sprechenden Polizisten sagten: »Gänsefleisch Ihren Kofferraum öffnen.« »Gänsefleisch« gleich Sächsisch für: »Können Sie vielleicht«.

Das an der Grenze zwangsumgetauschte Geld, DM-West in Mark-Ost, musste in Ostberlin verprasst werden. Und so ging ich am Nachmittag manchmal ins große DDR-

Kaufhaus am Alex, eine Art Paradies der Planwirtschaft. Hier möchte ich ein Erlebnis eines Nachmittags anführen, das sich nachdrücklich als Beispiel für die Absurditäten der Planwirtschaft in mein Gedächtnis eingegraben hat: Ich betrat das Kaufhaus und hörte die Lautsprecherdurchsage, heute gebe es im dritten Stock in der Spielwarenabteilung Würfel. Sofort setzte ein Strom von Kunden zum Ansturm auf die Würfel ein – als hätte die Deutsche Demokratische Republik auf nichts dringender gewartet als auf Würfel –, frei nach dem Landsknechtslied: »Das Leben ist ein Würfelspiel / Wir würfeln alle Tage / Dem einen schenkt das Schicksal viel / Dem anderen Müh und Plage.« Dazu und zu Götz von Berlichingen gab es damals einen trefflichen Witz über die Planwirtschaft. Ich gestehe, ich habe ihn erst Jahrzehnte später, also vor einem Jahr, als Ulbricht-Witz auf einer Lesereise in Oranienburg gehört. Also:

Ulbricht sitzt im Politbüro des ZK und mahnt seine Genossen, sogenannte »Engpässe« (wie etwa der Mangel an Herrensocken, Würfeln oder Kleiderbügeln genannt wurde) zu öffnen. »Genossen«, sagt Ulbricht, »mir ist aus der Bevölkerung und von Parteigenossen und Gewerkschaften zu Ohren gekommen, dass es zurzeit einen Engpass an Nähseide, an Reißzwecken und Druckknöpfen gibt.« Da unterbricht ihn einer der Genossen und sagt: »Und an Klopapier.« Ulbricht fühlt sich gestört, fährt aber dann in seiner Aufzählung fort.

Eine Sitzung später moniert der Staatsratsvor-
sitzende wieder Engpässe anhand der Mängel-
beschwerden aus Partei und Gewerkschaft.
»Diesmal, Genossen, geht es darum, dass es
keine Fahrradschläuche, keine Babywindeln
und keine Hautcreme gibt.«
Wieder unterbricht ihn der Genosse und wirft
ein: »Und keen Klopapier.«
Ulbricht ist wieder irritiert.
Da passiert es bei der nächsten Sitzung zum
dritten Mal (wie bei Witzen üblich, geht es wie
bei Goethes Erdgeist: Du musst es drei Mal
sagen). Ulbricht also ermahnt die Genossen
wieder zu erhöhter Produktivität. Es fehlt an
Porzellantellern, an Obst, an Rodelschlitten.
»Und«, unterbricht ihn der störrische Genosse
wieder, »an Klopapier.«
Ulbricht verliert die Nerven und sagt: »Weißt
du was, Genosse? Du kannst mich am Arsch
lecken.«
Worauf dieser erwidert: »Das, Genosse Ulbricht,
is ooch nur eene Zwischenlösung.«

Ulbricht ist ja mit einem zum Sprichwort avancierten Satz
in die Geschichte eingegangen, in dem er am 15. Juni, vor
dem Mauerbau am 13. August 1961, sächselnd sagte: »Niemand hat die Absischt, eine Mauer zu errischten.«
Das Lustige ist: Dieser Satz eroberte sich im Jahr 2013 als
Witz wieder die Lacher der Gesamtberliner. Auf sprechenden und gedruckten Postkarten geht er nun so: »Niemand
hat die Absischt, einen Flughafen zu errischten.«

9. AHAGLICH, BEHAGLICH, CEHAGLICH

Es wird oft gesagt, ich sammle »seit frühester Jugend« Witze. Das ist wahr und auch nicht wahr. Denn einerseits habe ich bei mehreren Umzügen – etwa 1969 von Stuttgart nach Hamburg – meine unordentlich geführten Kladden und Schmierhefte verloren, vergessen oder vernichtet. Genau weiß ich es nicht. Und in den späteren Schulheften, in denen ich mir etwas notierte, sieht es, was die Daten anlangt, aus wie Kraut und Rüben. Die Redensart meiner Kindheit dazu lautete: »Du wirfst ja alles durcheinander wie Kraut und Rüben.« Nestroy hat diese Redewendung in seinem *Zerrissenen* zur Komik geadelt. Da verliert ein Millionär bei einem Sturz vorübergehend sein Gedächtnis, landet auf einem Bauernhof und muss als Knecht arbeiten. Nachdem ihn der Bauer kopfschüttelnd bei der Arbeit im Keller beobachtet hat, sagt er: »Kraut und Ruben werfeten s' untereinand' als wie Kraut und Ruben!«

So liegen die Witze auch in meinem Kopf herum, teilweise unter Gerümpel verschüttet, aber oft tauchen sie dann wieder auf. Sie fallen mir dann wieder ein, wenn ich auf eine Assoziation in meinem Leben oder in der

Geschichte stoße. Ich will ein jüngstes Beispiel dafür geben:

> Kurz vor der Fußball-WM bewilligt ein großzügiger Chef seinem Prokuristen einen längeren Urlaub in Brasilien, um sich dort auf die Fußballspiele einstimmen zu können. Als der Prokurist zurückkommt, fragt ihn der Chef mit gönnerhafter Neugier: »Na, wie hat Ihnen Brasilien gefallen?«
> »Fabelhaft«, schwärmt der Prokurist, »einfach fabelhaft. Die Hälfte der Einwohner sind glänzende Fußballspieler, die andere Hälfte tolle Nutten.«
> Darauf schaut ihn der Chef konsterniert an und fragt: »Wie kommen Sie denn darauf? Meine Frau ist Brasilianerin.«
> Darauf der Prokurist: »In welchem Verein hat sie gespielt?«

Das ist ein Witz aus der Kategorie Vorgesetzter/Angestellter, und sofort stellte sich eine Assoziationskette in dieser Richtung ein.
Es ging zurück in die Zeit des Deutschen Kaiserreichs, also die Gründerjahre nach dem Sieg über die Franzosen 1871.

> Da nimmt ein Geschäftsmann, ein Fabrikant aus Breslau, seinen Prokuristen mit zu einer wichtigen Geschäftsverhandlung nach Berlin. Die beiden schließen ein glänzendes Geschäft

ab. Und in der Freude lädt der Chef seinen Angestellten zu einer Nacht in einem galanten Etablissement ein, also ins Maxim. (»Ich duze alle Damen / Ruf' sie beim Kosenamen, / Lolo, Dodo, Joujou / Clocio, Margot, Froufrou …«) Und als sie im Morgengrauen das Haus verlassen, sagt der Chef ernüchtert zu seinem Prokuristen: »Also, ich weiß nicht, aber meine Frau ist besser.«

Darauf stimmt ihm der Prokurist devot und eilfertig zu: »Viel besser! Viel besser!«

Zwei, die sich um Kopf und Kragen reden, aber in aufsteigender und absteigender Reihenfolge. Man kann sich auch um Kopf und Kragen schmeicheln.

Die Ur-Geschichte dieses Chef/Untergebenen-Witzes stammt von dem großen österreichischen Kaffeehausliteraten Roda Roda. Seine Geschichte spielt in der bürokratischen Hierarchie.

Der Oberfinanzamtsvorsteher fragt seinen Stellvertreter, den Unterfinanzamtsvorsteher, aus gegebenem Grund: »Leiden Sie auch so unter Blähungen?«

Antwortet der Unterfinanzamtsvorsteher: »Nur unter Ihren.«

Man kann also eine Assoziationskette vom brasilianischen Prokuristen über den Berliner Prokuristen bis zum österreichischen Finanzamt in Witzen aneinanderreihen, wobei sich die Geschichte aus dem Berliner Geschäftsleben des Wilhelminischen Kaiserreichs in zahlreichen Tagebucheintragungen nachlesen lässt, soeben in den in Stachs erstem Band der Kafka-Biografie *(Die frühen Jahre)* publizierten Eintragungen über gemeinsame Bordellbesuche in Prag, Mailand oder Paris. Auch hier ließe sich eine Sittengeschichte fortschreiben – bis zu den Betriebsausflügen des VW-Betriebsrats und der Hamburg-Mannheimer-Versicherung in die berühmten Budapester Hallenbäder. Was die »Sittengeschichte« betrifft, so führt die Geschichte vom Chef und seinem Prokuristen in die spätbürgerliche Zeit, in der es schon Geschäftsreisen gab, aber auch einen »Baedeker« für Bildungstourismus. Beide führten auch in das anonymisierende Rotlichtmilieu der Städte. Dagegen ist die Brasilien-Geschichte eng mit dem modernen Massentourismus verbunden, der nach Asien (Thailand) und Südamerika führt – ein Massenphänomen, das für die exklusiven Eliten (VW-Betriebsrat) mit brasilianischem Luxus verbunden war und für die Versicherungsreisenden in Budapest ohne Weiteres an die seligen K.-u.-k.-Zeiten anknüpfte, schon wegen der edlen Bäderarchitektur des Jugendstils.

Man kann aber auch die Assoziationskette in eine andere Richtung verfolgen. Von Roda Roda, dessen Untergebener unter den Winden seines Vorgesetzten leidet. Dann geht die Reihung so:

> Ein Mann besteigt in einem Wolkenkratzer
> einen Lift, in dem schon ein anderer Fahrgast
> steht. Der Mann rümpft die Nase und fragt:
> »Entschuldigung, haben Sie vielleicht einen
> fahren lassen?«

Darauf der andere beleidigt: »Klar! Oder glauben Sie, ich stinke immer so?«

In einen anderen öffentlichen Raum, genauer gesagt in die
Dunkelheit des Kinos, führt der folgende, deftige, baju-
warische Witz:

Im Kino, es wird dunkel, stößt ein Besucher
kurz darauf seinen Nebensitzer an. Und fragt:
»Sie, Herr Nachbar, ham Sie vielleicht in die
Hose gemacht?«
Darauf der andere: »Ja! Warum?«

Das olfaktorische und lautmalerische Moment hat sich
lange Zeit in Männergesellschaften mit einer berühmt-
berüchtigten lutherischen Gebrauchsanweisung und Ver-
haltensregel zu rechtfertigen gesucht, wobei ein grobi-
anisches, gargantuahaftes Moment dazukam. Saßen
Männerrunden lange schmatzend, fressend und saufend
beieinander, dann fiel wohl unweigerlich der Luther zu-
geschriebene Spruch: »Warum rülpset und furzet ihr
nicht? Hat es euch nicht geschmacket?«
Der gleiche Drang sich im Feiern enthemmender Män-
nerhorden, sich gehen zu lassen, äußert sich darin, dass
an einheimischen Tafeln gern die Chinesen heranzitiert
werden. Entweder aus vorgeblich eigener Erfahrung. Oder
aber nur vom Hörensagen. Sich gehen lassen ist stets ein
Regress in die Kindheit. Man nimmt Urlaub oder eine
Auszeit vom Benehmen. Wie es Wilhelm Hauffs englischer
Lord tut. Der in Wahrheit ein Affe ist und zum Affen
wird, wenn man ihm den Kragen (der Konvention) lo-

ckert. Dann kann man »die Sau rauslassen«, und es geht in Deutschland immer so zu wie in Auerbachs Keller in Goethes *Faust*.

Man könnte dazu auch Wilhelm Buschs Gedicht *Sie stritten sich beim Wein herum* bemühen – auch der große Humorist war ein maßlos über die Stränge schlagender verzweifelter Trinker –, das den neuen Darwinismus zum Inhalt hatte.

> Sie stritten sich beim Wein herum,
> Was das nun wieder wäre;
> Das mit dem Darwin wär gar zu dumm
> Und wider die menschliche Ehre.
>
> Sie tranken manchen Humpen aus,
> Sie stolperten aus den Türen,
> Sie grunzten vernehmlich und kamen zu Haus
> Gekrochen auf allen vieren.

Auch in die knarrenden, treuherzig plumpen Höhen der preußischen Diplomatie verstieg sich die Geschichte vom hörbaren und riechbaren Fauxpas:

> Empfang des diplomatischen Korps in London. Königin Victoria hält eine Ansprache vor den versammelten internationalen Botschaftern und Gesandten. Nach einigen Sätzen entfährt der Königin hörbar ein Wind.
> Sofort springt der französische Botschafter auf und sagt: »*Pardonnez-moi, Madame, excusez!*« Und macht eine artige Verbeugung.

Minuten später. Wieder passiert der blähge-
plagten Majestät ein hörbares Malheur.
Diesmal springt der spanische Gesandte auf und
sagt mit einer entschuldigenden Verbeugung in
Richtung der britischen Majestät:
»*Perdona! I'm really embarrassed!*«
Er setzt sich wieder, und der preußische
Botschafter, der sich ärgert, dass er nicht so
geistesgegenwärtig galant und ritterlich auf-
getreten ist, sagt mit schneidig schnarrender
Stimme: »Die nächsten fünf Furze Ihrer
Majestät übernimmt selbstverständlich das
Deutsche Kaiserreich!«

Glücklicherweise sind Gerüche weder hörbar noch sichtbar. Deshalb konnte sich der gargantueske Film *Das große
Fressen* von Marco Ferreri (1973) auf der Leinwand ungeheure Bläheruptionen leisten. Bei André Hellers Vor-
führungen exotischer und vergangener Welten habe ich
einmal einen Flatulanten gehört. Das waren Künstler, die
mit ihren Arschbacken kunstvoll musizieren konnten
und damit bei Hof (bei Kaisern und Königen) auftraten.
Er spielte, wenn ich mich recht erinnere, besonders aus-
drucksvoll das Lied *Behüt dich Gott, es wär so schön gewesen! Behüt dich Gott. Es hat nicht sollen sein!* Natürlich
nur die Melodie. Ohne Worte. Saß man damals, bei Hofe,
schon gern in der ersten Reihe?
Wie gesagt, Gerüche sind weder sichtbar noch riechbar in
anderen Künsten.
Trotzdem ist es meinem Lieblingszeichner Til Mette im
Stern gelungen, einen (saisonal bedingten) Geruch sicht-

bar darzustellen. Er zeichnete einen Cartoon, auf dem ein Klomann mit seinem Kassierteller am Eingang der Toilette sitzt. Alles wie immer, nur hat er eine Gasmaske auf. Und über der Zeichnung steht nur ein Wort: »Spargelzeit.«

Wir sind hier, wie wir sehen, in der Kinderzeit, zurück im infantilen Paradies, in dem wir noch alles durften und nicht anders konnten. Die Notdurft war noch eine Selbstverständlichkeit. Und als sie uns abgewöhnt wurde, wir sauber und stubenrein wurden, suchte sie sich ab und zu in Ferkeleien und ferkelhaften Ausdrücken ihr Ventil.

Irgendwann in letzter Zeit ist mir beim Kramen in der Erinnerung und beim halb träumerischen Zurücksinken dann doch der erste Witz eingefallen, den ich je gehört habe. Um ihn zu erzählen, muss ich meine Großmutter für eine ziemlich alberne Pointe verkaufen – sei's drum.

Datieren kann ich den Witz, weil ich nur bis Ende 1938 in Brünn lebte, wo auch mein Großvater und meine Großmutter wohnten. Meine Mutter gab mich oft und notgedrungen bei den Großeltern, den Eltern meines Vaters, ab. Sie musste wohl arbeiten. Mein Vater hatte es bei seinem Berufsanfang schwer. Was genau meine Mutter machte, die vorher einmal Stenotypistin gewesen war und Kurzschrift beherrschte, weiß ich nicht genau. Meinen Vater sah ich nur bei seinen Überstunden, wenn er für sein Sportgeschäft Balony Baumann zu Hause zusätzlich Tennisschläger bespannte. Meine Mutter putzte beispielsweise bei meinen Großeltern. Das letzte Kind, meines Vaters jüngster Bruder, spielte Tennis. Viel mehr kriegte ich damals nicht mit. Dass es 1938 gewesen sein musste, als mir meine Großmutter, eine gewaltige Matrone, den ersten Witz erzählte, weiß ich deshalb, weil wir 1938 nach Wien flohen. Das war während der Sudetenkrise. Danach habe ich meine Oma erst in den Fünfzigerjahren wiedergesehen. Da war sie wie ich bei meinem Onkel in Stuttgart auf Besuch. Witze hat sie mir damals nicht mehr erzählt. Sie war inzwischen ohne Mann, ohne Zuhause, krank und lebte nicht mehr allzu lange.

Also muss ich noch keine fünf gewesen sein, als ich meinen ersten Witz hörte. Vier Jahre bis viereinhalb. Hier ist er also. Ich habe mich erst viele, viele Jahre später wieder an ihn erinnert. Als er mir nicht mehr so blöd vorkam, dass ich ihn verdrängt hätte.

Meine Oma erzählte also von einer Familie, die zwei junge, aber schon heiratsfähige Töchter hatte. Die Familie hieß Haglich, die eine Tochter Adele Haglich, die andere Cecilie Haglich.
Eines Tages hatten die Haglichs Gäste eingeladen. Darunter auch einen jungen, hoffnungsvollen Mann, der zwischen die beiden Haglich-Töchter auf dem Kanapee zu sitzen kam. Da saß er zwischen den beiden blühenden Mädchen und sagte den charmanten Satz:
»Zwischen A-Haglich und C-Haglich fühle ich mich be-haglich.«
»Ah«, entfuhr es allen, »was für ein schönes Kompliment! Wie galant! Wie charmant.«
Ein anderer junger Mann beneidete ihn für seinen spontanen Witz. Dieser junge Mann war ein paar Tage später bei der Familie Schissen eingeladen. Auch die hatte zwei reizende jung-

fräuliche Töchter: Anna Schissen und Cecilie
Schissen. Und so sagte der Jüngling, als er
zwischen die beiden zu sitzen kam: »Zwischen
A-Schissen und C-Schissen fühle ich mich …«

Das Schöne an diesem idiotischen Witz ist, dass man
ihn gar nicht zu Ende erzählen muss. Wie hat Billy Wilder
mir viel später die Kunst des Humors und Witzes von
Lubitsch erklärt? Lubitsch zeigt in seinen Filmen A und B
und lässt den Zuschauer selbst C sagen und schließen.
Das gibt ihm ein Gefühl der Freiheit und Befreiung.
Meine Oma hat eine ähnliche in Lachen befreiende Wirkung erzeugt. Das Wort »beschissen« musste sie gar nicht
erst aussprechen. So blieb der Witz dezent.
Zwei Jahre später war ich auf der Volksschule und, was
meine Reise in verbotene Sprachgebiete anlangt, längst
nicht mehr auf meine Großmutter angewiesen. Ich hatte
Mitschüler, die mich in Spielen und Abzählreimen in die
Tabuzonen der bürgerlichen Erziehung und Abrichtung
zogen. So hatte ich einen Spruch zu einem Spiel, der so
ging:

Ich kann zaubern
ohne Blaubeern
dass die Hand nach Zündholz riecht.

Zündholzköpfe, das war etwas, mit dem wir knallen konnten. Wir rieben und kratzten die braune Zündkappe ab,
füllten das Pulver in einen hohlen Schlüssel, banden einen
Nagel an eine Schnur, die auch mit dem Schlüssel verbunden war, steckten ihn ins pulvergefüllte Schlüsselloch,

schlugen Nagel samt Schlüssel gegen eine Wand, und es machte Paff. Danach roch es »nach Zündholz«. Und einen ähnlichen Geruchseffekt erreichten wir Sechsjährigen, wenn wir unsere Handballen heftig und länger aneinanderrieben. Aber nicht deshalb erschien mir der Vers erinnernswert, sondern wegen des Reims »zaubern / ohne Blaubeern«. Es ist ein etwas gequälter Reim, völlig sinnfrei und unabhängig von dem Spiel ein magischer Spruch, dessen von jeder Logik unabhängiger Reim ihn »merkwürdig«, repetierbar machte. Kinder, die sich so etwas wie die *Merseburger Zaubersprüche* oder den *Locher Bienensegen* ausdenken, um es überlieferbar zu machen. Kinder sind Sprachanarchisten und Sprachdadaisten und das »zaubern / ohne Blaubeern« (mei – ist der Reim schief und unbeholfen!) ist in Nuce das Gleiche wie das Morgenstern-Gedicht vom *Ästhetischen Wiesel.*

Ein Wiesel
saß auf einem Kiesel
inmitten Bachgeriesel.

Wißt ihr
weshalb?

Das Mondkalb
verriet es mir
im Stillen:

Das raffinier-
te Tier
tat's um des Reimes willen.

Die Reime sind in ebenso komplizierte Zeilen gebrochen wie etwa bei hochartifiziellen Rilke-Gedichten wie den *Ding-Gedichten*, die zum Beispiel Fontänen sprachlich nachbauen können. Und sie sind gleichzeitig von kindischer Sprachunschuld. Mein Sohn reimte fünfzig Jahre später mit seinen Freunden im Dialog: »Sag mal ›Bolle‹!« Und wenn der andere »Bolle« gesagt hatte, reimte er blitzschnell: »Fünf Minuten Arschkontrolle!«

Hier sind wir wieder beim »A-Schissen«, »C-Schissen« und dem ausgesparten »Be-schissen«, das meine Oma mir auch als Denk- und reimende Kombinationsaufgabe stellte. Ich hatte damals den folgenden Abzählreim:

Ene, dene, dotz
Der Teufel lässt ein' Fortz
Der Teufel lässt ein' Leberfortz
Ene, dene, dotz

Es ist die Sprache, die Kinder von den Regeln befreit, sie aus der Zwangsjacke der Hygiene und des Anstands, wenn sie unter sich waren, herausnahm. Hier konnten sie ungestört blähen und sich darüber auch noch aussprechen.

Mein Sohn hatte in seiner ersten Klasse eine Mitschülerin, die alle »Blähli« nannten. Warum wohl? Und wir nannten einander mit meinen Geschwistern, wenn wir unter uns waren, »Pupsle«. Das war schon im Zeitalter des bürgerlichen Benimms und der zu befolgenden Hygiene. Die Geruchswelt der Bürger war längst von der bäuerlichen Nähe zum Misthaufen, auf dem die Hühner kratzten und scharrten und der Hahn krähte, in die WC-bestückte

Wohnung gewichen. Der Hahn war für uns Kinder auch die einzige meteorologische Station:

> Kräht der Hahn auf dem Mist,
> Ändert sich das Wetter
> Oder es bleibt, wie es ist.

Heute kommt das Tief Emma von Nordwesten und bringt am Nachmittag gelegentlichen Schauer und strichweise Regen. Kein Hahn kräht danach.
Über den Hahn lernte ich von meiner Mutter noch vor Schule und Kindergarten das Lied vom Hahn:

> Wer kauft mir einen stolzen,
> Einen wachsamen Hahn?
> Wer kauft mir einen
> Wachsamen Hahn?
> Der wecket uns im Winter,
> Im Sommer so früh,
> Und er ruft ja so herrlich sein Kikerikiki,
> Sein Dukdidu, sein Dukdidu,
> Sein Dukti, Dukti, Dukti Duuu,
> Sein Valeralalalalaaa,
> Sein Kikerikikikikiii.

Wie nah ich als Kind den Dadaisten war, davon hatte ich nicht die geringste Ahnung.
Frühe Witze, die frühesten? Ich hatte das Glück, in meinem Leben mehrere Generationen von Kindern aus nächster Nähe zu erleben, ihnen zuzuhören – auch dann, wenn sie sich nicht beobachtet oder belauscht fühlten. Und alle,

alle erzählten einander generationsübergreifend die folgende Geschichte:

> Ein Mann, der Blöd heißt, kommt zu einer
> Polizeiwache, um eine Anzeige zu erstatten.
> Wie gesagt, der Mann heißt Blöd, ist in eine
> Wirtshausschlägerei geraten, bei der ihn ein
> Mann namens Keiner niedergeschlagen und
> verletzt hat. Er hat einen Freund als Zeugen,
> der Niemand heißt. Das furchtbare Verhängnis
> des Witzes kann seinen Lauf nehmen.
> Blöd also sagt zu dem Polizisten, der das
> Protokoll aufnimmt: »Es war so: Ich geriet in
> eine Schlägerei. Keiner hat mich niederge-
> schlagen.«
> »Aha«, sagt der Polizist und hält seine Ver-
> wirrung zurück. »Also keiner hat Sie nieder-
> geschlagen. Haben Sie einen Zeugen?«
> »Niemand hat es gesehen.«
> Darauf platzt dem wachhabenden Polizisten der
> Kragen. Er sagt: »Und Sie sind blöd!«
> »Ja«, antwortet Blöd und staunt: »Woher wissen
> Sie das?«

Niemand, Keiner, Blöd – es ist in der Tat der denkbar
konstruierteste Witz, den man sich ausdenken kann, weil
er die Wirklichkeit durch die Namen so zurechtbiegt, bis
sie fähig ist, ein primitives Missverständnis zu produzieren. Würde man die Pointe als den abschließenden
Torschuss bei einem Elfmeter definieren, Pointe gleich
Treffer, so würde das bedeuten, dass man das Tor dem

Schützen, der weit danebenschießt, mitten im Schuss so entgegenträgt, dass er es nicht mehr verfehlen kann.

Doch gerade dieser vor infantiler Konstruktion förmlich schreiende Witz, auf dessen Wirkung vor allen Dingen Kindergartenkinder und Erstklässler »abfahren«, die ihn zum Brüllen komisch finden, ist gleichzeitig einer der ältesten überlieferten Witze der Kulturgeschichte. Er kommt in Homers *Odyssee* vor. Odysseus kommt auf seiner namensstiftenden langen Irrfahrt auf der Heimkehr vom Trojanischen Krieg, eben der Odyssee, zu den Zyklopen. Das sind einäugige, tapsige, plumpe Riesen, dumme Gewaltklötze. Und als Odysseus dem einen das einzige Auge aussticht (der also – Achtung Kalauer! – fortan nicht mehr sagen kann: »Mit dem Zweiten sieht man besser«), sagt er dem Geblendeten: »Ich heiße Niemand.« Und als der zu seinen Kumpanen schreiend zurückgetorkelt kommt, schreit er ständig: »Niemand hat mir mein Auge ausgeschlagen! Niemand hat mir mein Auge ausgeschlagen!«

So trifft sich heutige Kindlichkeit mit der großen kindlichen Naivität und Unschuld, die in alten Mythen festgehalten ist.

Eine Leserin meiner Kolumnen hat mir vor Jahren einen alten Witz per Brief geschickt, der aus der italienischen Renaissanceliteratur stammen soll. Er ist kurz und erzählt vom ersten Paar der Welt.

> Auch Eva war schon eifersüchtig. Als Adam
> eines Morgens erst gegen Morgengrauen nach
> Hause kam, wartete sie, bis er eingeschlafen
> war. Und zählte dann seine Rippen.

Einem nicht in der christlichen und alttestamentarischen Tradition Aufgewachsenen ist dieser Witz nicht zu vermitteln. Er müsste wissen, dass Gott den Adam aus einem Lehmklumpen erschaffen hat, dem er Odem einblies. Dann aber sah er, dass Adam allein war, und fand es nicht gut, diesen ersten Menschen ganz allein zu lassen. Also schuf er, ihm eine Gefährtin zu geben, Eva aus einer Rippe.

Auch die folgende Geschichte, ich erzähle sie oft und gern, funktioniert nur im christlich-abendländischen und jüdischen Umfeld. Sie stammt von Jurek Becker, dem großartigen Erzähler des Romans *Jakob der Lügner*. Jurek Becker hat die Kriegszeit in Polen versteckt vor den Nazis in einem Ghetto überlebt. Und sein Roman lässt einen Lügner in einem Ghetto, in dem täglich das Morden der Nazis weitergeht, obwohl sich der Krieg mit dem Vorrücken der Roten Armee seinem Ende zuneigt und die Befreiung der noch im Ghetto Überlebenden von Tag zu Tag zunimmt und doch gleichzeitig auch die Verzweiflung, ob dieses Ende noch rechtzeitig vor ihrer Ermordung da sein könnte. Die Hoffnung stirbt zuletzt. Und so erfindet Jakob, der das Privileg hat, Radio empfangen zu können (bei Besitz eines Radios drohte den Ghetto-Bewohnern die Todesstrafe), positivere Nachrichten, als sie der Wehrmachtsbericht über den Frontverlauf liefert. Er weiß, dass die Hoffnung Lebenskräfte aktiviert. Nun aber seine Geschichte:

Sie spielt in Amerika, in der Familie eines orthodoxen Juden. Dessen Sohn kommt eines Tages zu seinem Vater und erklärt dem Ent-

setzten seinen Entschluss: »Vater! Ich möchte
zum Christentum übertreten.«
»Das kannst du doch nicht tun, das kannst
du mir nicht antun!«, sagt der entsetzte Vater.
»Du weißt doch, dass uns der Glaube unserer
Väter seit der Vertreibung aus Israel als einzige
Zuversicht und Kraft über die Erde getragen
und begleitet hat. Dass er uns in der Fremde,
in der Diaspora, in der Not, dem Elend und
der Verfolgung Zusammenhalt gegeben hat.
Er war es, der uns auch verstreut über die Erde
unsere Identität gesichert hat.«
»Das ist mir egal«, sagt der Sohn trotzig.
»Ich bin morgen volljährig, und da kannst du
mich nicht mehr daran hindern, Christ zu
werden.« Spricht es. Und kehrt seinem Vater
den Rücken.
Der bleibt allein zurück in seinem Kummer
und in seinem Jammer und hadert mit Gott.
»Mein Gott, mein Gott!«
Und Gott erscheint ihm als Stimme. Und sagt:
»Was ist dir passiert?«
Und der Vater sagt: »Mein Sohn möchte zum
Christentum übertreten.«
Darauf Gott: »Sei ruhig! Das ist mir auch
passiert.«

An dieser Stelle erntet der Witzeerzähler meist das erste
Gelächter. Er muss also beschwichtigend die Arme Einhalt gebietend erheben. Und setzt dann die Pointe.

»Das ist dir auch passiert?«, sagt der Vater
verblüfft. »Und was hast du gemacht?«
Darauf Gott: »Was werd' ich gemacht haben?!
A neues Testament!«

10. DER MOHR UND
SEINE SCHULDIGKEIT

Ginge es nach den Fahndungsausschreibungen der Sprach-
polizei, die für die PC, die *political correctness*, durch die
Einsperrung und Entfernung falscher Wörter die Gesellschaft vor allen rassistischen Exzessen reinigen soll, dann
hätte der »Neger mit Gazelle« keine Überlebenschance.
Neger mit Gazelle? Den kennen Sie nicht? Er und sie, der
Mensch und das Tier, sind Helden einer einsätzigen Geschichte, die so geht:

Ein Neger mit Gazelle zagt im Regen nie.

Aus. Punktum. Der Satz aber hat es in sich, rein sprachlich. Nicht inhaltlich. Er ist ein Palindrom, das heißt, er
ist von hinten wie von vorn gleich. Gleich lesbar. Wie die
»Anna« als Lieblingsname des Dadaisten Schwitters oder
wie »Otto«, der mit seinem Mops in einem Gedicht von
Ernst Jandl wohnt. Auch ein sprachverliebter, sprachver-
buhlter Autor. Liest man also die Geschichte von Neger
und Gazelle von hinten, dann liest sie sich so: »ein negeR
mi tgaz ellezaG tim regeN niE.« Der Satz will aber nicht
gelesen, sondern gesprochen sein. Also: »Ein Neger mit

Gazelle zagt im Regen nie« klingt von hinten wie von vorn gelesen gleich. Es ist der gleiche, sogar derselbe Satz. Sein Inhalt ist zwar rührend – die tapfere Gemeinschaft eines Afroafrikaners mit einem Steppentier gegen die Herausforderung des Wetters, das sich gemeinsam besser ertragen lässt. Aber sein Inhalt ist wurscht! Allerdings stürbe diese Geschichte sofort, jedenfalls von hinten, wenn man den Neger durch den Schwarzen, den Farbigen oder den Afrikaner ersetzte. Er stürbe an der Krankheit der PC. Das wäre kein großer Verlust, aber es wäre doch sehr schade.

Der PC müsste auch der »kohlpechrabenschwarze Mohr« im *Struwwelpeter* von Dr. Heinrich Hoffmann zum Opfer fallen, der vor dem Tor der Stadt Frankfurt kurz vor 1800 spazieren geht und von rassistischen bösen Buben ausgelacht und verspottet wird. Dr. Hoffmann, Frankfurter Jugendpsychiater, wollte mit dieser Geschichte seinen vierjährigen Sohn zur (damals bestmöglichen) Toleranz erziehen: »Was kann denn dieser Mohr dafür, dass er so weiß nicht ist wie ihr!« Und er benannte das augenfällige Minderheitenschicksal eines Schwarzen in einer weißen Gesellschaft, in der Mohren damals nur als Mohrenköpfe, als Shakespeares *Othello* vorkamen. Die Geschichte hat den unangreifbaren Vorteil, dass sie einen typischen Vorfall von Kinderungezogenheit in damaliger Zeit als Exempel festhält. Wie ein Witz, wie eine Anekdote, wie eine Kalendergeschichte. Wie ein Märchen für Kinder zum Merken. Heute können wir zumindest das daraus lernen: So sah damals liberale Erziehung zur Toleranz aus. Mozarts Mohr aus der *Zauberflöte* wirkt dagegen wie ein böser schwarzer Spuk. Mit einem Wort: rassistisch. Man kann ihn nur als Märchenfigur ertragen wie den Zwerg Nase, die böse Stiefmutter oder Rumpelstilzchen.

In einem der größten Romane der amerikanischen, ja, der Weltliteratur, den *Abenteuern von Tom Sawyer und Huckleberry Finn*, ist die eine Hauptfigur ein schwarzer Junge, der Sklaverei entsprungen. Er wird als »Nigger« eingeführt, er spricht den damaligen Slang der Schwarzen, kurz: Der sehr komische, sehr wahrhaftige Roman hielt realistisch die damalige gesellschaftliche Realität am Mississippi fest. Würde man sie sprachlich korrigieren, würde man sie, indem man sie verfälscht, auslöschen. Das Gedächtnis der Menschheit, so es so etwas gibt, wäre um eine große und groß festgehaltene Erfahrung von zwei jugendlichen Ausreißern im Süden der USA ärmer. Sprachreinigung wäre hier Sprachsäuberung.

Heute gibt es, zum Glück, den »Negerkuss« nicht mehr, und auch nicht den Sarotti-Mohr. Wären sie noch da, so fürchten Sprachsäuberer, könnten sie in unbedachten Köpfen Unheil anrichten – obwohl sie doch auch dann noch süß schmecken würden. Soweit ich weiß, überlebt bis jetzt noch eine köstliche Wiener Süßspeise, ein Dessert. Es ist der »Mohr im Hemd«. Es ist nicht der gleiche Mohr wie der, der Schillers *Fiesco* beendet und von dem es am Schluss heißt: »Der Mohr hat seine Schuldigkeit getan, der Mohr kann gehen.« Das ist bitter gemeint, man braucht ihn nicht mehr, also weg mit ihm, er war nur ein Werkzeug. Natürlich gibt es davon eine parodistische Abwandlung: »Der Mohr hat seine Schuldigkeit getan. Der Mohr kann kaum noch gehen.« Kaum noch! Wurde da nicht böse mit dem Vorurteil gespielt, das die Fürstin von Thurn und Taxis einst in einer Fernsehdiskussion heiter und unbefangen aussprach? Nämlich: dass der Schwarze halt gern schnackselt. Ich glaube »schnackseln« muss hier auch für Nicht-Regensburger nicht übersetzt werden. Es ist ein irgendwie fröhlicher Ausdruck, und die Fürstin war damals noch viel jünger und nicht so altersweise und fromm wie heute.

Mit dem gleichen Vorurteil arbeitet in Shakespeares *Othello* der weiße Schurke Jago. Auch er insinuiert bei seiner tödlichen Intrige, dass die Weißen um Desdemona das von dem schwarzen Feldherrn Venedigs dächten. Shakespeare wusste, welche furchtbaren Folgen diskriminierende Vorurteile haben. Shakespeare wusste eben einfach alles. Und das oft als Erster. So wusste er auch, dass Jago das angeblich ohne jeden Grund tat, nur so aus Bosheit. Aber das redet er sich nur ein. Es ist das Vorurteil des Zurückgesetzten, der von Othello nicht zum Leutnant befördert wurde. Und der auch noch denkt, seine Frau, die er immer kränkt und beiseiteschiebt, habe ihn, den Weißen, mit seinem schwarzen Vorgesetzten betrogen. Es ist ein dumpfes Gebräu, das Jagos Perfidität in Gang setzt. Männlich rassistischer Schlamm auf dem Grund seiner Seele!

Shakespeares *Othello* ist kein rassistisches Stück, sondern ein Stück über den latenten Rassismus, genauso wie der *Kaufmann von Venedig* auch ein Stück über den Rassismus ist. In beiden Stücken wird gezeigt, was der Rassismus im Kopf eines von Rassismus Betroffenen auslösen kann.

Das gilt, mit Verlaub, auch für Witze. Es gibt rassistische Witze, sie entstehen an Stammtischen, offenbaren sich dort, weil der Alkohol und Kumpanei die Zunge lösen, das Dumpfe befreit sich in einem dumpfen, fetten, bösen Lachen, das – wie bei der Zote – nur von dem Kontrollverlust über verdrängten Hass oder Neid lebt: »Das wird man doch wohl noch sagen dürfen!«

Ich möchte für Witze über den Rassismus drei Beispiele anführen. Der erste Witz stammt aus der Anfangszeit des Kalten Krieges – als sich zwischen den ehemals gegen Hitler Alliierten, wie Churchill es in seiner Rede in den USA 1945 ausführte, ein eiserner Vorhang senkte. Der Witz spielt in Moskau, wo Stalin gerade den Bewohnern der Hauptstadt der Sowjetunion das Vorzeigeprojekt der U-Bahn mit ihren prachtvollen Kathedralen der Stationen abgenötigt und geschenkt hatte. Es sollte auch Propaganda für die Kraft und Macht und technische Leistungsfähigkeit der Sowjetunion ausstrahlen.

Im Witz also zeigt der sowjetische Außenminister zusammen mit dem Moskauer Bürgermeister dem amerikanischen Botschafter einen der fertiggestellten Prachtbahnhöfe. »Herr Botschafter, hier können Sie sehen, was die Sowjetunion an Verbindungsmöglichkeiten für das Reich, das ein Sechstel der Erde umfasst, geschaffen hat. Hier«, er zeigt ins Gleisgewirr, »fährt jede halbe Stunde ein Zug nach Wladiwostock, einer nach Leningrad, einer nach Charkow, einer nach Warschau und weiter nach Budapest.«
»Hm. Hm. Sehr eindrucksvoll«, sagt anerkennend der US-Diplomat. »Aber sehr geehrter Minister, wir sind jetzt seit einer guten Stunde

bei der Besichtigung des Bahnhofs. Wie kommt es, dass in der Zeit kein einziger Zug abgefahren ist?«

Darauf gucken ihn der Sowjetminister und der Moskauer Bürgermeister zornig an. Und erwidern: »Und wie behandelt ihr in Amerika die Neger?«

Dieser Witz ist eigentlich ein Witz über die Rückständigkeit der Sowjetunion gegenüber dem Westen. Und über die Propaganda-Schlachten, mit denen die Sowjetmacht und der Sozialismus ihre Überlegenheit gegenüber dem doch zum Absterben verdammten Kapitalismus wenigstens agitatorisch auszudrücken suchten. Etwa wenn die Sowjetmacht von Erfindungen schwadronierte, die in Wahrheit im Westen gemacht wurden, und etwa eine Grabstätte in einer Moskauer Ehrenhalle zeigte: »Hier ruht der Genosse Iwan Iwanowitsch, der Erfinder des Erfindens.« Oder wenn sie bei Sportfesten und Olympiaden ihre Überlegenheit, koste es, was es wolle, auch die Wahrheit, demonstrierte. Ein Witz über eine *Tass*-Meldung ist mir in Erinnerung geblieben:

Da findet ein Marathonlauf in Moskau zwischen einem US-Athleten und einem Läufer der SU statt. Der Amerikaner gewinnt, der Sowjetläufer wird Zweiter (also Letzter). Am nächsten Morgen meldet die *Tass*-Agentur: »In einem international hoch besetzten Wettlauf errang die Sowjetunion einen glänzenden zweiten Platz, während die USA Vorletzter wurden.«

Propaganda-Mathematik vom Feinsten. Pate für all diese Witze stand Orwells gespenstische Satire *1984*, in der ja auch aus Schwarz Weiß wurde und aus Niederlage Sieg. Nur durch das, was Orwell *double speech* nannte, durch das die Ausschließlichkeit der zugelassenen Propaganda zur Hirnwäsche der Untertanen wurde und das die krasse Hierarchie von wenigen Privilegierten und vielen Ausge-beuteten schon allein dadurch verschleierte, indem es sie alle zu »Genossen« machte. Stalin wie den letzten Berg-arbeiter. Der Standardwitz dazu lautete:

Der Kapitalismus wird an seinen Widersprüchen verrecken. Wir werden seine Leistungen im nächsten 5-Jahres-Plan erreicht haben.

Trotzdem, mir ist nachträglich nicht ganz so wohl, dass ich als Achtzehnjähriger die Pointe »Und wie behandelt ihr die Neger?« wahnsinnig komisch fand, eine prächtige Ausrede, eine dekuvrierte Propagandafinte. Nicht weil mich das Wort »Neger« gestört hätte. Das war der Sprach-Usus. Vielmehr stört mich nachträglich die Tatsache, dass die Antwort »Und wie behandelt ihr die Neger?« eigent-lich auch ein zulässiger, berechtigter Einwand war. Die Weltmacht USA musste sich wirklich daran messen las-sen, wie es um die Rechte der Schwarzen bestellt war. Die Kämpfe um den gemeinsamen Schulbus, einer der Mark-steine der Auseinandersetzung um die Gleichstellung, das Recht auf die gemeinsame Schule mussten erst müh-selig und blutig erkämpft werden. Martin Luther King war nicht der einzige Märtyrer dieser sozial-rassistischen Auseinandersetzungen.

Aus den späten Vierzigerjahren stammt auch der folgende Witz:

In New York ist eine große Messe. Vertreter aus dem ganzen Land sind gekommen, die Hotels sind fast restlos ausgebucht. Zu allem Überfluss ist es eiskalt, und es regnet, wie man in Amerika so treffend sagen könnte, Katzen und Hunde.

Ein Vertreter aus Chicago irrt durch die Stadt. Von Hotel zu Hotel. Triefend durchnässt. Es ist der letzte Tag, am nächsten Morgen muss er mit dem Zug nach Chicago. Ganz früh. Muss um sechs Uhr aus dem Bett, das er dringend braucht und noch nicht hat.

Schließlich an einem Hotel für Schwarze sagt der Portier: »Ich hätte ein Doppelbett in einem Zimmer. Aber der Schwarze, der dort schläft, wird es nicht sehr zu schätzen wissen, wenn ich Sie als Weißen dort einquartiere. Er kann sehr jähzornig gegenüber Weißen werden. Sie verstehen.«

»Ich verstehe«, sagt der Vertreter. »Aber es ist mir egal. Ich muss schlafen. Ich falle um. Ich werde mir das Gesicht mit Schuhcreme schwarz färben. Dann geht das schon. Bitte wecken Sie mich um fünf Uhr. Ich darf meinen Zug nach Chicago nicht verpassen!« Er gibt dem Portier ein Trinkgeld von fünf Dollar, der gibt ihm das Zimmer und eine Dose schwarze Schuhcreme.

Die Nacht ist für den Übermüdeten kurz.
Um fünf Uhr wird er geweckt. Rasch steigt er
in seine Kleider und eilt zum Grand-Central-
Station-Bahnhof. Auf dem Gleis steht schon
der schnaubende Zug nach Chicago, der
»North-West«. Dampf faucht aus allen Ventilen.
(Wir kennen das aus Hitchcocks *North by
Northwest*, der skrupellosen CIA-Komödie
aus dem Jahr 1959.) Der Mann eilt zu seinem
Waggon, will einsteigen, da sagt der Schaffner:
»Halt! Sorry, tut mir leid. In diesen Wagen
dürfen keine Schwarzen!«
Der Mann, der bemerkt, dass er vergessen hat,
sein Gesicht von der Schuhcreme zu säubern
– er war zu knapp mit der Zeit –, sagt: »Das
werden wir gleich haben«, eilt am Bahnsteig bis
zu einer Toilette, stellt sich ans Waschbecken.
Und versucht, sein Gesicht mit Seife und Ta-
schentüchern weiß zu waschen. Aber es geht
und geht nicht. Der Mann starrt fassungslos
in sein resistent schwarzes Gesicht. Dann sagt
er: »Verdammt! Jetzt hat der Idiot von Portier
doch den Schwarzen geweckt statt mich«

Natürlich spielt in dem Witz der »schwarze Humor« der
Idiotenwitze, die im Kalten Krieg eine große Rolle spielten, wie verlorene Identitäten in Hitchcocks Meisterwer-
ken, wo Geheimdienste Menschen nach Belieben um-
schminken.
Und der Witz wirkt heute auch wahnsinnig veraltet?
Wirklich?! In George Packers soeben erschienenem Buch

Die Abwicklung, das die vergangenen dreißig Jahre der Geschichte der USA als Abwicklung, als Niedergang der amerikanischen Tugenden in Einzelbiografien beschreibt, kommt auch ein Porträt Colin Powells vor, des mächtigsten Militärpolitikers der Bush-Administration, eine geradezu musterhafte Lebensgeschichte über den Aufstieg eines Schwarzen, der in der Kelly Street No. 952 in der South Bronx aufwächst und dort auf das City College of New York kommt, von wo er als Schwarzer aufsteigen kann. Er meldete sich danach bei den ROTC, wurde Mitglied bei den Pershing Rifles, einer militärischen Studentenverbindung, und 1958 in den Rang eines Zweiten Leutnants erhoben. Die Rassentrennung in der Armee war erst zehn Jahre zuvor aufgehoben worden, trotzdem war das Militär die hierarchischste Institution des Landes, gleichzeitig die demokratischste. Powell: »Hinter den Toren unserer Kasernen wurde weniger diskriminiert als in jedem Südstaaten-Rathaus, in jeder Konzernverwaltung des Nordens.«

»Es war einmal in Amerika ...«, lässt George Packer diese Geschichte wie ein Märchen beginnen. Und Powell schreibt in seiner Autobiografie *Mein Weg*: »Ich übernahm gleich eine Führungsrolle ... in unseren Reihen fand ich eine Selbstlosigkeit, die mich an die liebevolle Atmosphäre in meiner Familie erinnerte. Rasse, Hautfarbe, sozialer Hintergrund, Einkommen, nichts davon hatte irgendeine Bedeutung.«

Powells Weg zu höchsten Ämtern führte über den Vietnamkrieg. Er wurde Bataillonskommandeur in Südkorea. 1979 war er mit 42 der jüngste General der Armee. 1989 Vier-Sterne-General, wurde er 2001 Außenminister unter

Bush und hielt die »Beweisrede« für den Krieg gegen Saddam Hussein mit den gefakten Beweisen.

Ein kleiner Zwischenfall auf dem Wege: 1968 war er Hauptmann in Vietnam, trat dort in eine Falle und entging knapp einem Granateneinschlag. Einige Monate später, wieder in seiner Heimat, weigerte sich in einem Schnellrestaurant in Fort Benning, Georgia, jemand, ihn zu bedienen. Grund: Der später höchste Militär der USA war schwarz. Er konnte sich seine Hautfarbe nicht wie eine Schuhcreme in einer der lustigen Minstrel-Shows aus dem Gesicht wischen.

Mit der Wahl Obamas zum Präsidenten schien sich ein gewaltiger Schritt im Verhältnis zwischen Schwarz und Weiß zu vollziehen. War auf einmal wirklich alles neu und gleichberechtigt? Der folgende Witz macht mit zynischer Schärfe deutlich, was sich wirklich geändert hat: für viele nur der äußere Anschein, die Tünche.

Präsident Obama kommt mit seiner Air Force One nach Florida. Beim Anflug fliegt er über einen luxuriösen Strand und einen Yachthafen und beobachtet die folgende Szene:
Ein Boot mit lauter feinen Südstaatlern der besseren Gesellschaft, Yachtclub Marke Rotary, in eleganten weißen Anzügen. Das Boot zieht einen Wasserskifahrer, muskulös und schwarz.
Obama sieht diese Szene mit sichtlichem Wohlgefallen, und als ihn am Flugplatz der Gouverneur und der Vizegouverneur von Florida empfangen, preist er den neuen

Geist, der im Süden eingezogen ist. Schwarz
und Weiß im Luxus beim Wasserskifahren
vereint.
Ein paar Tage später beendet er seinen Staats-
besuch, Gouverneur und Vizegouverneur
winken ihm zum Abschied zu, die Air Force
One erhebt sich in die Lüfte. Da sagt der Vizegouverneur zum Gouverneur: »Eigentlich ein
ganz netter Kerl, unser Präsident.«
»Ja«, sagt der Gouverneur, »aber vom Haifisch-
fang im Süden hat er keine Ahnung.«

Angesichts der Jagdszenen in Florida und in St. Louis
bei den Rassenunruhen, nachdem weiße Polizisten oder
Wächter in vorauseilender Panik schwarze randalierende
und protestierende Jugendliche oder verdächtig um weiße
Luxusvillen schleichende dunkle Gestalten erschossen
haben, ist dieser Witz so abstrus gar nicht. Vorurteile in
den Köpfen überdauern gesellschaftliche Veränderungen.
Eine Schwalbe macht noch keinen Sommer, ein schwarzer Präsident noch keinen politischen Klimawandel. Zu-
mal der Präsident aus der Professorenschicht von Chicago kommt wie seine Frau, und seine Herkunft aus
Hawaii ihn auch von der fortlebenden Ghettoproblema-
tik sicherlich entfernt hat.
Die *Süddeutsche Zeitung*, die im November 2014 eine Se-
rie über Vorurteile begonnen hat, berichtet eine Anekdote von einem französischen Fotografen, der durch einen Ghetto-Straßenzug geht, um seine Fotos zu schießen.
Dieser Straßenblock ist in der Hand einer Gang, die in
der Black-Power-Bewegung ihren Anfang nahm. Das war

die Zeit, wo die Hoffnung bestand, das Elend der Ghettos könnte sich nach und nach in soziale Eingliederung verwandeln. Die Gang umringte den Fotografen und bedrohte ihn. Was macht ein Fotograf mit Kamera in einer Zone, in der der Drogenhandel blüht? Die Gang verstellte dem Fotografen den Weg und stellte ihm die Frage, was er denn hier suche. Alle waren jung, aggressiv und zur Gewalt bereit. Der Fotograf antwortete mit seinem weichen französischen Akzent, und da rief der Führer der Gruppe: »Hey, der ist gar nicht weiß, der ist Europäer!« Der Mann war gerettet.

Man sieht also, dass natürlich in jeder Rassenfrage und in jedem Witz darüber auch der soziale Druck mitschwingt, der das Thema belastet. Je deutlicher der schwarze Mittelstand zu wachsen schien, umso geringer wurde der Druck. Im Übrigen können sich da zwei Themen und zwei Vorurteile berühren. Als der Wahlkampf vor der ersten Amtszeit Obamas begann, stand er mit Hillary Clinton im Wettstreit für die Kandidatur. Wie jetzt in seiner Endzeit, in seiner zweiten Amtsperiode übrigens wieder. Ich hatte damals das Glück, mit der Frau von Francis Coppola einen gemeinsamen Konzertabend zu verbringen, und ich fragte sie, wer denn wohl das Rennen um die Kandidatur gewinnen würde, Obama oder Hillary Clinton? Und Frau Coppola prognostizierte sehr sicher: Obama! Keiner der Männer in den Mittelstaaten zwischen Atlantik und Pazifik würde je eine Frau auf ihren Schild heben.

Gender-Gegensätze. Stärker als Hautfarben. Im Übrigen ist es sicher mehr als ein böser Zufall, dass fast alle Vorkämpfer der schwarzen Gleichberechtigung Attentaten zum Opfer gefallen sind. Der Erste war kein Geringerer als der Präsident Abraham Lincoln. Er wurde nach Ende des Bürgerkriegs im Theater erschossen. Und es gab den bösen Reporterwitz, dass nach dem Attentat ein Journalist die frische Witwe fragte: »Und wie hat Ihnen das Stück gefallen?« Schwarzer Humor.

Es ist kein Zufall, dass der kulturelle Siegeszug der schwarzen Musik, des Jazz, des Blues, des Hip-Hop und Rap den Schwarzen die ersten Türen zur High Society öffnete. *High Society* erwähne ich deshalb: Es ist die Musical-Verfilmung zur *Philadelphia Story*, wo die High Class eine Komödie der Runaway-Bride, also der Screwball-Comedy von der Braut, die im letzten Moment vom Traualtar wegrennt, auf der Leinwand zeigt. Unvergesslich ist Louis Armstrong, der zusammen mit Bing Crosby im Film die berühmten Evergreens *What a Wonderful World* und *High Society* singt.

Ich führe das Beispiel deshalb an, weil in derselben Zeit Louis Armstrong ebenso wie die große alte Dame des Jazz, Ella Fitzgerald, nicht im gleichen Hotel wohnen durften wie die weißen Hauptdarsteller. Oder sie mussten durch den Dienstboteneingang eintreten.

Der folgende Witz hat scheinbar mit dem Thema nichts zu tun und in Wahrheit doch sehr viel. Er spielt in einer der feinsten Edelboutiquen der Schweiz, in denen Markenhandtaschen wie Louis Vuitton etc. verkauft werden.

Eine Kundin rauscht in den Laden und sagt:
»Ich hätte gerne eine Gukki-Tasche.«
Daraufhin korrigiert sie die Verkäuferin:
»Sie meinen ›Gutschi‹!«

Darauf guckt sie die Käuferin indigniert an
und sagt: »Okay, *Sie* können es aussprechen,
aber *ich* kann es bezahlen.«

Der wahre Vorfall: In Zürich ging die reichste schwarze
Frau der Welt, Oprah Winfrey, in eine der teuersten Edelboutiquen. Sie war zu einer Hochzeit eingeladen, wollte
vielleicht eine Handtasche (die das sichtbarste Zeichen
einer bestimmten Zugehörigkeit ist, Männer müssen sich
für denselben Zweck mit Uhren begnügen) kaufen und
zeigte – sie war in Begleitung eines Freundes – auf eine
Krokodilledertasche, die ganz oben in einem Regal lag.
Die Verkäuferin, so lautete die erste Version, sagte, als
Oprah Winfrey sie bat, ihr doch die Tasche zu zeigen, dass
sie dafür nicht die Leiter hochsteigen würde, weil sich die
Kundin die Tasche sowieso nicht leisten könne. So ging
der Skandal durch die Zeitungen, die teure Ladenkette
brach mit ihren Aktien ein, und die Schweiz stand als ein
Land der rassischen Diskriminierung da. Auch wenn es
anders war und nicht so drastisch verlaufen ist, so kann
man sich ausdenken, was in Oprah Winfrey vorging.
Oprah wuchs, bis sie sechs war, bei der Großmutter auf.
Die konnte sich um das Kind nicht mehr kümmern, also
wurde sie nach Milwaukee geschickt, wo ihre Mutter in
einem Wohnheim lebte. Vernita Lee arbeitete als Putz-
frau, bekam zwei weitere Kinder von zwei verschiedenen
Männern und lebte eine Weile von der Sozialhilfe. Oprah
und ihre Mutter vertrugen sich nicht, sie wuchs mehr
oder weniger verwahrlost zum Sound von Motown auf.
Sie stahl nach Angaben ihrer Schwestern Geld aus dem
Portemonnaie ihrer Mutter und hatte bereits mit drei-

zehn Jahren wahllos Sex, wofür sie sich von den Männern bezahlen ließ, die »Pferdchen« mit ihr spielten. Mit vierzehn wurde sie zu ihrem Vater, Vernon Winfrey, nach Nashville (in die berühmte Country-Music-Stadt) geschickt, um ihr christliche Disziplin beizubringen. Diese Story entnehme ich George Packers Buch *Die Abwicklung.*

Nach einem Studium an der Tennessee State University begann sie bei einem lokalen Fernsehsender zu arbeiten, und ab 1976 durfte sie die Abendnachrichten in Baltimore präsentieren, und ihr Sender glaubte, in ihr die schwarze Barbara Walters oder eine Mary Tyler Moore gefunden zu haben. Auf dem Gipfel ihres Ruhms lachten und weinten, seufzten und plapperten, hofften und feierten vierzig Millionen Amerikaner in 138 Medienbezirken (und zahllose weitere Menschen in 145 Ländern) mit dieser Frau. Die Milliarden, die sie verdiente, gaben anderen Schwarzen zumindest auch ein eigenes Wertgefühl, wenn sie auf dem Bildschirm in schwarzen Wohnzimmern erschien. Wie gesagt, diese Herkunft und der Aufstieg erklären, warum Oprah Winfrey bei der leisesten Anspielung, sich eine Handtasche nicht leisten zu können, oder auch nur bei einem Missverständnis dieser Tatsache, eine Demütigung witterte, wo gar keine war. Erinnerte sie sich doch an die harten Jahre des Aufstiegs.

Witze über Schwarze haben immer auch diese Tendenz, den (gespielten) Rassismus des Erzählers zu entlarven.

»Ich hasse zwei Dinge auf der Erde«, sagt ein Mann. »Erstens Rassismus und Rassenvorurteile und zweitens einen Neger im Mercedes.«

Die deutsche Nachkriegsgeschichte brachte mit den amerikanischen Besatzungssoldaten auch die schwarze Musik (die für mich wunderbare AFN-Kultur) nach Deutschland, mit Jazz und Sinatra, Gershwin und Cole Porter, Nashville und Motown. Natürlich entstanden mit den Besatzern auch rassistische Witze. Zum Beispiel der folgende:

Ein Zug, der die damals noch üblichen Abteiltüren nach außen hatte. Auf dem Bahnhof steigt ein schwarzer Besatzer ein, ein anderer Mitreisender schlägt die Tür zu. Das schmerzt, und dem schwarzen Soldaten stürzen die Tränen in die Augen. Darauf fragt der Bayer oder Schwabe den Soldaten mit schadenfroher Anteilnahme: »Heimweh?«

Da spielte natürlich eine große Rolle, dass die Besatzungssoldaten die Sieger waren, die in den Notjahren auch die Herzen der Frauen mit Nylons, Zigaretten und Swing eroberten. »Veronikas« hießen diese Bräute übrigens in der Nähe von US-Barracks, also amerikanischen Kasernen. Es gibt eine echt gehässige Geschichte:

In einem Zug sitzen ein farbiger US-Soldat, ein hübsches junges Mädchen, ein netter junger Mann und der Vater des Mädchens. Der Zug fährt in einen Tunnel. Das Abteil wird dunkel. Man hört ein Kuss-Geräusch und dann den Knall einer Ohrfeige.
Der Vater denkt: Jetzt hat der Soldat meine

Tochter geküsst und zu Recht von ihr eine
Ohrfeige bekommen.
Der Farbige denkt: Jetzt hat der deutsche
Zivilist das Mädchen geküsst, und sie hat mir
stattdessen eine Ohrfeige gegeben.
Das junge Mädchen denkt: Schade. Jetzt hat
der junge Mann meinen Vater geküsst und
eine gescheuert bekommen.
Und der junge Mann denkt: So, jetzt mache
ich, wenn der nächste Tunnel kommt, wieder
ein Kuss-Geräusch und haue dem Soldaten
noch eine Ohrfeige rein.

Dieser Witz spiegelt die Rache der Stubenfliege, die Tatsache, wie die Deutschen sich in den ersten Nachkriegs-
monaten gegenüber den Siegern fühlten, sowie die Tatsache, dass sie zuvor in der Nazi-Zeit zwar hemmungslose
Rassisten waren, aber in der Wirklichkeit, jetzt, gede-
mütigte Besiegte und nie mit Schwarzen in Kontakt gekommen waren.
Später, Deutschland wurde langsam weltläufig, kamen
Studenten aus den USA und aus Afrika dazu, wobei in
Tübingen, wo ich studierte, ein hinterwäldlerischer Witz
über dumpfen deutschen Provinzialismus entstand, der
im Zusammenhang mit der pietistischen Engstirnigkeit
der Wirtinnen stand. Die Geschichte gehört in ein Umfeld, in dem es hieß, Wirtinnen nähmen lieber Studenten als Studentinnen, einmal wegen der Problematik des
Kuppelei-Paragrafen, der damals Eltern wie Vermieterin-
nen bedrohte, andererseits aber – und hier macht sich die
moderne Hygiene bemerkbar –, nehme man Studentin-

nen nicht gern, weil sie das Badezimmer mit ihren Nylons vollhingen, die sie waschen. Nun aber der Witz:

> Eine biedere schwäbische Vermieterin sagt:
> »Ich nehme keine schwarzen Studenten.
> Die verfärben die Bettwäsche.«

So dumpf konnte es damals in Deutschland noch zugehen. Der kulturelle Clash mischte sich natürlich mit den an anderer Stelle schon zitierten Menschenfresserwitzen, von denen ich hier einen weiteren erzählen möchte:

> Kannibalen haben einen Missionar gefangen.
> Das Wasser im Kessel fängt schon an zu
> brodeln, als die frisch Christianisierten vor der
> Mahlzeit zum Gebet niedersinken und sagen:
> »Komm Herr Jesus, sei unser Gast und segne,
> was du uns bescheret hast.«

Kannibalenwitze gibt es auch unabhängig vom Rassismus. Schon Sigmund Freud erzählt zwei, die eher in die Familie passen und belegen, warum sich Karl Kraus zur gleichen Zeit über die doppeldeutige Eindeutigkeit des Worts »Familienbande« gefreut hat. Also, Kannibalen um 1900.

> Was ist ein junger Mann, der seine beiden
> Eltern verspeist hat? Antwort: Vollwaise.
> Und was ist ein Mann, der seine ganze Familie
> verspeist hat?
> Universalerbe.

Hier tobt der Kampf ums tägliche Fleisch also noch in der Erbfolge.

Im Zeitalter der Kreuzfahrten, also der Gegenwart und Zukunft einer alternden Luxusgesellschaft, ist mir Ende 2014 der folgende Witz untergekommen:

> Ein Kannibale in der Luxusklasse eines Kreuzfahrtschiffs. Der Ober bringt ihm die Speisekarte, der Kannibale studiert sie von oben bis unten, findet offenbar nichts Passendes und sagt zum Stewart: »Bringen Sie mir die Passagierliste.«

Es gibt eine hinreißende Szene, auch als Fernsehbeitrag, von Gerhard Polt. Der Sketch heißt *Herr Tschabobo*.

> Hanna und Egon Stoiber sowie Bubi, Opa Stoiber und Besuch Romy und Herbert Schwalbe sitzen vor einem gedeckten Kaffeetisch. Sie haben einen neuen Nachbarn eingeladen, von dem alle wissen, dass er »ein Neger« ist. Er ist Untermieter bei den Stoibers und kommt zu seinem Antrittsbesuch. So wird er beim Warten eingeführt:
> Hanna: »Na ja, mir ham ihn dann doch gnommen, weil er is ausgesprochen sauber. Also er wäscht sich, und schwitzt auch gar net.«
> Ihr Mann (Gerhard Polt) wirft ein: »Obwohl ma ja sonst vom Neger im Allgemeinen sagt, dass er immer so transpiriert.«
> Worauf die Frau schnell versichert: »Nein, des

is also jetzt bei unserm gar net der Fall.
Also, ma riecht fast gar nix. Er ist auch
aus bestem Hause. Sei Vater is irgendwie
a König oder so, in Tschurangrati.«

Dann erscheint Herr Tschabobo. Herr Tschabobo hat,
wie sich herausstellt, längere Zeit in Cambridge und Yale
studiert und promoviert zurzeit bei Professor Horowitz
über molekulare Spektralanalyse. Das Gespräch umschifft
sämtliche Peinlichkeiten, um an ihnen zu stranden. Wenn
der Opa beispielsweise fragt: »Ist Ihre Region schon chris-
tianisiert, ich meine, sind Sie bereits missioniert?« Oder
die Ehefrau zu ihrem eigentlichen Anliegen am Schluss
kommt. Sie bittet den promovierten Spektralphysiker:

Hanna: »Ah, Herr Tschabobo, mir ham da an
            ganz an persönlichen Wunsch. Wissen
            S', unser Bubi, der hat a neue Trommel
            kriegt. Und wie er ghört hat, dass Sie
            heut kommen, hat er gmeint, ob Sie
            net amal ihm a bissl was vortrommeln
            könntn, könnten S' net so a bissl Urwald-
            atmosphäre … fürn Bubi wärs halt a
            Mordsfreude.« *Hält ihm eine Trommel*
            hin. »Können S' net a bissl drauf musi-
            ziern, weil Sie können doch des …«
Egon: »Sonst hört mas ja bloß noch im Radio.«
Herbert: »Im Hotel ham mirs Tag und Nacht
            ghört. Mir hams as Fenster zugmacht,
            sonst hätt man et schlafn können, gel
            Romy …«

Tschabobo: »*I'm sorry*, Madame, aber ich bin
  nicht vom Busch …«
Hanna: »Da, bitte, Herr Tschabobo, für'n
  Bubi …«
Tschabobo: »… bitte, wenn Sie meinen …«
  Nimmt die Trommel.
Hanna: »So, Bubi, jetz pass auf, jetz geht's los.«
Egon: »Jetz hörst as Tam-Tam.«
Herr Tschabobo trommelt matt.
Opa: »Hochinteressant …«
Egon: »Sehr gut. Des hat er halt im Blut, der
  Neger.«

So vollzieht sich also der Clash der Kulturen. Man könnte
auch ein neues Beispiel anführen, das allerdings von den
integrierten Türken in Deutschland handelt. Es ist eine
Zeichnung von Greser & Lenz, und sie hat inzwischen zu
diplomatischen Verwicklungen geführt:

50 Jahre Türken in Deutschland: Eine Erfolgsgeschichte

Die herrliche Integrations-Karikatur ist allerdings in einem baden-württembergischen Schulbuch abgebildet, und so ist der Ärger, nicht ganz zu Unrecht, auch entstanden. Ein türkischer Schüler hat die Karikatur seinem Vater im Schulbuch gezeigt und gesagt: »Guck mal, der Hund heißt wie unser Präsident!«

Früher, vor ein paar Hundert Jahren, wäre man für einen solchen Scherz in einem Schulbuch erst aufgehängt, dann geviertelt und anschließend gefedert und geteert worden. Aber das war die gute alte Zeit, wo Goethe es im Osterspaziergang noch gemütlich finden konnte, wenn »drunten in der Türkei die Völker aufeinanderschlagen«.

11. ... UND FREUT SICH AUF DEN AFTERNOON

Es muss in den späten Siebzigerjahren gewesen sein, da begegnete mir in der Toilette des Berliner Restaurants Zwiebelfisch der Graffito: »Der Schwule lässt die Arbeit ruh'n / Und freut sich auf den Afternoon.« Ich weiß nicht mehr, ob es »Afternoon« oder »After nun« geschrieben wurde. Für mich war es einer der witzigsten Graffiti, und zwar deshalb, weil er über den Umweg eines Kalauers schlagartig den Unterschied zwischen Heterosexualität und Homosexualität ausdrückte.

Es war die Zeit der Graffiti, zum Beispiel der politischen, der Studentenbewegung: »Wer zweimal mit der gleichen pennt / Gehört schon zum Establishment.« Establishment, das war das Schlagwort in der Zeit, als sich revolutionär alles ändern sollte für den Stillstand. Es gab auch ein Graffito des reinen Unsinns: »*To be or not to be*«, drunter in Klammern: Shakespeare; »*To do or not to do*« (Hemingway) und: »*Doobidoobidoo*« (Frank Sinatra).

Graffiti dienten der Information, wenn man mit seiner Notdurft beschäftigt war. So hing für uns Männer über dem Urinal die Sauberkeitsaufforderung: »Tritt näher! Er ist kürzer, als du denkst.« Das ist eine moderne Version des Pompeji-Graffitos: *Nosce te ipsum!*, also: »Erkenne dich selbst!« Gleichzeitig ein Aufruf zur Selbstbescheidung und die Aufforderung: »Sauber bleiben!« Amtlich hieß das auch: »Verlassen Sie diesen Ort, wie Sie ihn vorzufinden wünschen!«

Toiletten sind intime Räume, und Georg Christoph Lichtenberg hat in seinen *Sudelbüchern* die Nähe der Geschlechtsorgane zu den Ausscheidungsorganen konstatiert, zumindest als seltsam empfunden. Im Zeitroman des *Circle* ist in einer Internet-Welt, die sich zur totalen Offenlegung aller Dinge verpflichtet, nach dem Motto jeder Rigidität und jeder Diktatur »Wer nichts zu verbergen hat, braucht sich auch nicht zu verstecken« merkwürdigerweise das Klo der letzte Ort für Intimitäten und heimlichen Sexualverkehr. Hier darf man für fünf Minuten sein Überwachungsgerät ausschalten. Damit kehren viktorianische Zeiten – ich möchte sie mal so nennen – zurück, wo auch der »stille Ort« die Stelle der einsamen oder gemeinsamen Ausschweifungen war, eben ein »Closet«, man konnte sich verschließen, man war allein, unbeobachtet. Selbst im totalen Überwachungsstaat des *Circle* gibt es an diesem Ort keine Überwachungskameras.

Ich habe diesen Spruch vom Feierabend des homosexuell veranlagten Menschen sehr gemocht und oft verbreitet. Ich weiß nicht, ob ich ihn erzählt habe, wenn ich vermutete, dass Schwule um mich herum waren. Zwar kam mir die Zeit der Siebzigerjahre ungeheuer liberal vor (was sie in gewisser Weise war und in gewisser Weise auch überhaupt nicht), aber die Anspielung auf das Gesäß im Zusammenhang mit der gleichgeschlechtlichen Liebe – das konnte einem dann doch noch peinlich werden.

Heinrich Heine, der großartige Lyriker und ebenso wunderbare, scharfsinnige Satiriker, hat sich in seinen *Reisebildern* in den Bädern von Lucca auch mit dem armen August Graf von Platen auseinandergesetzt, der in seiner Dichtung der Männerliebe mit feinen Anspielungen huldigte. Heine war da weniger fein.

> »Was finden Sie in den Gedichten des Grafen
> von Platen-Hallermünde?«, frug ich jüngst
> einen solchen Mann (der eine ähnliche Neigung
> hatte).
> »Sitzfleisch«, war die Antwort.
> »Sie meinen, in Hinsicht der mühsam ausge-
> arbeiteten Form?«, entgegnete ich.
> »Nein«, erwiderte jener. »Sitzfleisch auch in
> Betreff des Inhalts.«

Heine schreibt weiter: »Er sei kein Dichter, sagen die Frauen, die vielleicht – ich muss es zu seinem Besten andeuten – hier nicht ganz unparteiisch sind, und vielleicht wegen der Hingebung, die sie bei ihm entdecken, etwas Eifersucht empfinden, oder gar durch die Tendenz seiner Gedichte ihre bisherige vorteilhafte Stellung in der Gesellschaft gefährdet glauben.«

Hier muss ich eine witzige Definition in Form einer Gesetzesvorschrift einfügen, die die Homoerotik so deutet: »Homosexualität ist Rücksichtnahme unter Hintansetzung des eigenen Vorteils.«

Schön, wie sich hier abstrakte Gesetzesregeln in Körperlichkeit übersetzen. Zurück zu Heine:

Gegen den großen Haufen glaubt er sich
genugsam versteckt zu haben, wenn er das
Wort Freund manchmal auslässt. Es geht
ihm dann wie dem Vogel Strauß, der sich
hinlänglich verborgen glaubt, wenn er den
Kopf in den Sand steckt, sodass nur der Steiß
sichtbar bleibt. Unser erlauchter Vogel hätte
besser getan, wenn er den Steiß in den Sand
versteckt und uns den Kopf gezeigt hätte.

Und dann, ganz direkt: »Er ist ein Weib, und zwar ein
Weib, das sich an Gleichweibischen ergötzt, er ist gleichsam eine männliche Tribade.«
Nun bin ich wieder in der Gegenwart der Siebzigerjahre,
in der Zeit des großen Outens. Rosa von Praunheim, der
im Umfeld des Zwiebelfischs um den Savigny-Platz damals oft ein Tischnachbar war, hatte den Blick des Outens.
Einem Film gab er den programmatischen Titel *Nicht der
Homosexuelle ist pervers, sondern die Situation, in der er
lebt* (1971). Romy Haag führte eine schicke Transsexuellen-
kultur provokativ vor, und auch Werner Schroeters Filme
gehören in diese Reihe, sodass das Milieu um den Savigny-Platz, in dessen Nähe auch die Paris-Bar war, und
insgesamt West-Berlin durch die Abschaffung der Sperr-
stunde ohnehin den Eindruck vermittelte, die offenste
Stadt der Welt zu sein.
In Berlin konnte man sich über den Graffito vom freizeit-
gestaltenden Schwulen erfreuen, weil man in ihm die
Diktion einer neuen Zeit herauszuhören meinte. »Schwul«,
das war ein Wort, das auf einmal etwas ganz Normales
bezeichnete. Ich kenne in diesem Zusammenhang einen

anderen Witz von zwei Freunden, die in einem Café verabredet sind:

Zwei Kollegen sind in einem Café verab-
redet, der eine verspätet sich ganz erheblich.
In der Wartezeit kommt der zeitlich Versetzte
mit einem anderen Gast ins Gespräch. »Was
machen Sie so?«, fragt er ihn.
»Ich bin Psychologe. Ich kann aus einfachen
Tatsachen auf den Charakter und die Veran-
lagungen eines Menschen schließen.«
»Wie geht das?«
»Ich gebe Ihnen ein Beispiel. Ich frage Sie:
Haben Sie ein Aquarium?«
Der andere antwortet: »Ja.«
»Haben Sie darin auch Fische?«
»Ja.«
»Dann haben Sie sicher auch Kinder, weil die
Aquarien lieben. Und eine Familie.«
»Ja«, sagt der andere, »das stimmt.«
»Dann sind Sie nicht schwul.«
Endlich kommt der Freund, mit dem er ver-
abredet ist, und entschuldigt sich.
»Das ist gar nicht so schlimm. Ich habe eine
hochinteressante Bekanntschaft mit einem
Psychologen gemacht, der einem alles über
einen selbst sagen kann.«
»Wie denn das?«
»Ich werde dir ein Beispiel geben. Hast du ein
Aquarium?«
»Nein.«

»Dann bist du schwul.«

Wie gesagt, das Wort »schwul« hatte begonnen, sich mit einem neuen Sinn aufzuladen, der eine neutrale, selbstbewusste Beschreibung einer Veranlagung war.

Das war nicht immer so. Nach 1983 – die Grünen waren zum ersten Mal im Bundestag vertreten – beschloss die Fraktion, einen Antrag gegen den Paragrafen 175 im Parlament einzubringen und für die Gleichberechtigung vor dem Gesetz von Schwulen und Lesben mit Heteros zu votieren. Der Antrag konnte so nicht eingebracht werden, weil der Bundestagspräsident monierte, die Worte »Schwule« und »Lesben« könnten in einem Gesetzesantrag im Bundestag nicht vorkommen, sie seien nicht statthaft. Also mussten die Antragsteller auf das Wort »Urning« ausweichen, der Homosexuelle konnte nur als »Urning« in einen Gesetzesantrag geraten. Schwule erschienen also wie von einem anderen Stern, denn Karl Heinrich Ulrichs, der den Begriff 1864 in die Sexualwissenschaften eingebracht hatte, leitete den »Urning« vom Planeten Uranus ab, also von einem weit entfernten Stern. Lesbierinnen hießen bei Ulrichs »Urnide«. Wie überhaupt in der schwülstigen Literatur um 1900 Frauen, die gleichgeschlechtlich veranlagt waren, zu »Tribaden« wurden.

Wer in damaliger Zeit lebte, hatte das Gefühl, dass die Liberalität auch den Sex und damit auch die Witze über den Sex verändert hatte. Der Volkskundler Lutz Röhrich, der 1980 ein erfolgreiches wissenschaftliches Buch über den Witz (ein dtv-Sachbuch in vielen Auflagen) veröffentlicht hatte, schreibt: »Aber trotz der Freizügigkeit und Tole-

ranz heutiger Auffassungen gibt es noch immer Homo-
sexuellen- oder Nudistenwitze.« Homosexuelle und Nu-
disten, Tribaden und Schwule – wie's halt so läuft. Als
Beispiel führt Röhrich den folgenden Witz an:

Der Direktor eines Internats ruft den Vater
eines Schülers an. »Ich habe eine gute und eine
schlechte Nachricht für Sie.«
»Sagen Sie mir erst mal die schlechte.«
»Ihr Sohn hat homosexuelle Neigungen.«
»Wie schrecklich, und die gute Nachricht?
»Er ist zur Maikönigin gewählt worden.«

Homosexuelle Neigungen waren also damals mit großer
Sicherheit noch eine »schlechte Nachricht«. Da trifft es
sich gut, dass die *Süddeutsche* in ihrer Toleranz-Ge-
schichte eine Vita zur Geschichte des Schwulenpara-
grafen erzählt. Der ist natürlich keine Erfindung aus dem
Deutschland der Nachkriegszeit, als Relikt aus dem
Kaiserreich wurde er in der Nazi-Zeit verschärft – Homosexuelle wurden schließlich sogar in Konzentrations-
lagern mit einem rosa Winkel verbracht, neben dem
Judenstern das schlimmste Fanal der totalen Ausgren-
zung bis zur Vernichtung – und blieb nach dem Zweiten
Weltkrieg im Strafgesetzbuch, wurde dann abgemildert,
nämlich auf unter Achtzehnjährige beschränkt. Das Bun-
desverfassungsgericht hat noch 1957 mit Verweis auf die
körperliche Bildung der Geschlechtsorgane bestätigt, deren Funktion sei beim Mann eine »drängende und for-
dernde«, bei der Frau eine »zur Hingabe bereite«. Etwa
50 000 Männer sind in dieser Zeit verurteilt worden.

Nun also die Vita von Heinz W.: Er steht im Januar 1962 vor Gericht, der Jugendrichter muss ihn verurteilen, das wissen alle. Aber ein wenig Mitgefühl zeigt er dann doch. Damit W. seine Lehrstelle nicht verliert, bekommt er als Strafe ein halbes Jahr Gefängnis auf Bewährung und muss drei Wochenenden in die Jugendstrafanstalt. Er fährt am Samstag mit dem Zug nach Süden, meldet sich am Tor des Jugendgefängnisses und hört: »Ah, da kommt das schwule Dreckschwein.« In der Zelle zittert er vor Angst. Am dritten Wochenende darf er mit zum Rundgang, »allerdings im Abstand von fünf Metern«, erinnert er sich, »sodass jeder wusste, dass ich ein Sittenstrolch war.«

Nach seiner Zeit im Gefängnis verdrängt W. seine Neigung, soweit es geht. Heiratet das Nachbarmädchen, bekommt zwei Töchter. Seine Homosexualität lebt er in Parks und öffentlichen Toiletten aus. Mit dreißig Jahren offenbart er sich seiner Frau (all das zitiere ich nach der *Süddeutschen Zeitung*), er weint, aber sie wollen das durchziehen. Sie erträgt das, begleitet ihn in Schwulenbars, weil eine Trennung noch schlimmer wäre.

Mitte der Siebzigerjahre kommt es zum Eklat: Heinz W. wird bei einem Fest zur Maikönigin gewählt. Das Paar versucht, die Ehe zu retten. 1980 lassen sie sich scheiden. Hier haben wir sie wieder: die Maikönigin, nicht als Bestandteil eines Witzes, sondern als drakonische Verhöhnung. Heinz W. hofft immer noch, dass die 175er-Urteile aufgehoben werden. »Es würde mir wahnsinnige Genugtuung verschaffen.« Mit ihm warten heute noch etwa zehntausend Menschen.

Ich selbst war Anfang der Sechzigerjahre Dramaturg bei

den Württembergischen Staatstheatern, formal »Chefdramaturg«, also für die drei Sparten des Theaters zuständig, Oper, Schauspiel und Ballett. In Wahrheit hatte ich außer bei Programmheften nur mit dem Schauspiel zu tun. Leider. Die Oper war damals (wie auch heute noch) eine der besten Deutschlands. Fritz Wunderlich sang hier, und Wieland Wagner inszenierte, um für Bayreuth sozusagen vorzuproben. Und dann das Ballett. John Cranko war nach Stuttgart gekommen und vollendete das »Stuttgarter Ballettwunder«. Die größten Tänzer, zum Beispiel Nurejew oder Cragun, tanzten in Stuttgart, und der Generalintendant beriet sich mit mir (weil ich doch ein studierter Doktor war), wie er es schaffen könnte, dass John Cranko, der strahlende Choreograf am europäischen Balletthimmel, auch Chef des Balletts werden könnte. Er sei doch »andersrum«. Für das Stuttgarter Theater waren die Landesregierung und die Stadt Stuttgart zur Hälfte verantwortlich, und bei den Sitzungen argumentierte Erich Schäfer für die Einstellung Crankos als Ballettchef, dass doch auch Tschaikowsky, der Schöpfer von *Schwanensee*, *Dornröschen* und der *Nussknacker-Suite* »andersrum« gewesen sei. Die erstaunten Stuttgarter (»Ha no, auch der Tschaikowsky?!«) stimmten schließlich zu. Das Ballett teilte sich damals die Kantine mit der Oper. Opernsänger sind in der Regel etwas konservativer als Ballerinas und Tänzer. Damals gab es eine Beheizungsfirma, die Dänzer hieß. Und so passierte es, dass in der gemeinsamen Kantine ein Plakat dieser Firma auftauchte, mit dem Slogan: »Ein Dänzer wärmt den ganzen Raum.« Ich erinnere mich nicht mehr genau, ob das D wirklich durchgestrichen und durch ein T ersetzt war, ich glaube aber ja.

Einer der erfolgreichsten Intendanten Deutschlands, von dem jeder Theaterkenner wusste, dass er homoerotische Neigungen hatte, führte eine Musterehe mit einer wunderschönen Frau und drei hinreißenden Kindern. Traten die beiden zusammen in der Öffentlichkeit auf, was nicht zu oft geschah, so überschütteten sie sich lauthals mit den albernsten Kosenamen, um ihr eheliches sexuelles Glück zu manifestieren.

In Röhrichs Witzbuch kommen noch einige weitere Witze vor, teilweise auch Wanderwitze. Einer geht so:

> Ein Mann kommt zum Standesbeamten und möchte seinen Namen von Amts wegen geändert wissen.
> »Wie heißen Sie denn?«, fragt der Beamte.
> »Herbert Schwuler«
> »Na, das kann ich verstehen, dass Sie anders heißen wollen«, meint der Beamte mitfühlend.
> »Wie möchten Sie denn in Zukunft heißen?«
> »Emma Schwuler.«

Wie gesagt, ein Wanderwitz. Ich habe an anderer Stelle schon die politische Variante erzählt, wo 1945 auch ein Mann zum Standesbeamten kommt. Er möchte seinen Namen ändern.

> »Wie heißen Sie denn?«, fragt der Standesbeamte.
> »Ich heiße Adolf Kacker.«
> »Wie möchten Sie denn heißen?«
> »Peter Kacker.«

Ebenso gibt es einen Graf-Bobby-Witz zu Graf Bobby, der als eingefleischter Junggeselle in einer unordentlichen Wohnung wohnt:

Meint ein Besucher: »Musst halt heiraten, Bobby.«
»Ja, freilich«, meint Bobby betreten. »Heiraten müsste man schon. Aber wen?«
Meint der Besucher: »Ah geh, irgendwen wirst du doch besonders gern haben.«
Bobbys Gesicht verklärt sich: »Den Peter, der ist ja seit der Schule mein bester Freund.«
Dann traurig: »Aber heiraten kann ich ihn doch nicht. Der ist ja evangelisch.«

Auch dazu habe ich an anderer Stelle eine Nachkriegsvariante erzählt, wo eine Lehrerin in den Fünfzigerjahren ihre Schülerinnen fragt, was sie denn werden wollten, und die alle brav mit den damals typischen Frauenberufen antworteten: Stenotypistin will die eine werden, Näherin die andere, Kosmetikerin die dritte, und schließlich sagt eine, dass sie Prostituierte werden will.

Die Lehrerin, völlig alarmiert und hilflos, unterbricht den Unterricht und stürzt ins Zimmer des Direktors: »Herr Direktor, in meiner Klasse ist eine Schü-schü-schü-schülerin, die möchte Pro-pro-pro …«
Darauf setzt sich der Direktor hin und sagt: »Sprechen Sie es ruhig aus, das böse Wort.«

Die Lehrerin: »Sie möchte Prostituierte
werden.«
»Na Gott sei Dank, ich hatte schon befürchtet
Protestantin.«

Und noch einer aus der »guten alten Zeit«, sprich den
Achtzigerjahren:

Graf Bobby geht zum Arzt und soll eine
Urinprobe bringen. Er füllt ein Fläschchen
und stellt es auf seinen Nachttisch. Die Putz-
frau wirft versehentlich das Fläschchen um.
Damit niemand etwas merkt, füllt sie es mit
ihrem eigenen Urin wieder auf. Bobby bringt
das Fläschchen zum Arzt. Eines Tages trifft
er seinen Freund Mucki, der ihn gleich nach
dem Resultat der ärztlichen Untersuchung
fragt. Da sagt Bobby: »Wir hätten doch besser
aufpassen sollen!«

Auch dazu habe ich jüngst eine aktuelle klerikale Variante
zu Ohren bekommen:

Der Bischof von Mainz hat eine Blinddarm-
operation. Parallel stirbt eine Gebärende
beim Kaiserschnitt. Das Kind überlebt, und
so sagt der Arzt: »Das arme Wurm. Können
wir ihn nicht dem Bischof von Mainz unter-
schieben?«
Gesagt, getan. Der Bischof ist dem Kind ein
liebevoller Pflegevater.

Als der Junge volljährig wird, sagt der Bischof zu ihm: »Ich muss dir etwas eröffnen. Ich bin nicht dein Vater, ich bin deine Mutter. Dein Vater ist der Erzbischof von Köln.«

Solange Homosexualität strafbar war, aber auch noch danach, war das Verhältnis besonders der Männer zu ihr, um es vorsichtig auszudrücken, zwiespältig. In meinem langen Leben habe ich gemerkt, dass mir vertraute Frauen sehr gerne Umgang mit Homosexuellen haben, sie seien kultiviert, einfühlend, verständnisvoll, würden sich gern die Sorgen der Frauen anhören, ohne dass sich Frauen fürchten müssten oder hoffen konnten, von ihnen unmittelbar darauf sexuell bedrängt zu werden.

Die Schwulen und die alte Bundesrepublik – das ist eine besondere Geschichte. Aus der Zeit des Kalten Krieges, als Franz Josef Strauß in Saft und Kraft und im Amt stand, wurde er von seinen Gegnern als »Kalter Krieger« beschimpft. Und er sagte öffentlich und trotzig: »Lieber ein kalter Krieger als ein warmer Bruder«, womit er den gestandenen Mannsbildern nicht nur in der Lederhose aus der Seele gesprochen haben mag.

In den Achtzigerjahren ereignete sich auch die Kießling-Affäre, die fast eine Regierung zum Sturz brachte, zumindest Kohls Verteidigungsminister Wörner bedrohlich wurde. General Kießling, der bei der NATO in Brüssel arbeitete, wurde verdächtigt, eine Homosexuellenbar in Brüssel außerdienstlich zu besuchen. Er wurde als Sicherheitsrisiko eingestuft und sollte unehrenhaft aus der Bundeswehr entlassen werden. Das Ministerium unter Wörner machte sich unter anderem dadurch lächerlich, dass es zu einer Anhörung einen offiziellen Schwulen, Alexander Ziegler, aus der Schweiz einreisen ließ, um sich die Sachlage erklären zu lassen.

Die Homosexualität hat eine lange Geschichte. Wenn mein Vater irgendjemanden mir gegenüber erwähnen musste, von dem er annahm oder gehört hatte, er sei »vom anderen Ufer«, dann bekam sein Gesicht einen seltsam verklemmten Ausdruck, und er sagte auch, der sei »am 17. Mai geboren« (Paragraf 175). Auch das war eine noble Umschreibung. Drastischere Männer als mein Vater sprachen von einem »Hinterlader«.

Aus all diesen Tagen habe ich mir einen Witz aufbewahrt, den ich immer noch gerne erzähle, der aber in Wahrheit auf eine Zeit vor dem Jahr 1992 datiert werden müsste, denn bis zu diesem Jahr listete die Weltgesundheitsorganisation WHO Homosexualität offiziell als eine Krankheit. Also nicht nur als »Urning«, sondern auch als unter Quarantäne zu stellen und zu behandeln. Dieser furchtbare Zustand wiederholte sich, als Aids als Krankheit bekannt wurde. Nun gerieten wieder die Homosexuellen und die Ghetto-Bewohner, die Rauschgiftspritzen benutzten, ins Visier. So sehr, dass sich in den USA lange das Gerücht hielt, Aids sei vom US-Geheimdienst gezüchtet worden, um die Homosexualität und die Drogensucht im Ghetto zu bekämpfen.

Jetzt also mein Witz:

> Ein Nikotinsüchtiger, ein Alkoholiker und ein
> Homosexueller werden aus einer Entzugsklinik
> entlassen. Der Arzt sagt zu den dreien eindring-
> lich: »Ihr seid geheilt und könnt ein normales

Leben führen. Ich warne euch aber vor jedem
Rückfall. Wer auch nur einmal rückfällig wird,
fällt sofort tot zu Boden.«
Die drei verlassen die Klinik, wandern zusammen durch das Tor, da steht eine Bierhalle.
Der Ex-Trinker sagt: »Einen Augenblick!«, und
denkt, ein kleines Bierchen kann doch nicht
schaden, zischt ein Bier und fällt sofort tot um.
Die anderen gehen betreten und schweigend
weiter. Da auf einmal liegt auf dem Trottoir
eine glimmende Zigarette.
Darauf sagt der Ex-Schwule zum Ex-Raucher:
»Du, wenn du dich jetzt bückst, sind wir beide
tot!«

Die Homosexualität, das Schwulsein, war lange Zeit als
»widernatürlich« und als »widernatürliche Unzucht«
durch das Strafgesetzbuch geächtet und unter Strafe gestellt. Dafür gab es drei Gründe.
Einmal galt seit den alttestamentarischen jüdischen Ge-
setzen die Verschleuderung des Samens, die Verweige-
rung, ihn zu seinem einzigen Zweck, dem Gottesgebot
»Wachset und vermehret euch« zu verwenden, als Tod-
sünde und todeswürdiges Verbrechen. Hier gab es die
Geschichte von Onan, der sich geweigert hatte, für seinen
Bruder ein Kind zu zeugen. Lieber »ließ er den Samen zur
Erde fallen und verderben« (Gen 38,9). Es war ein Ge-
bot der Erhaltung der Stämme, der Arterhaltung. Dem
gleichen Zweck diente das Verbot, der Frau während der
Menstruation beizuwohnen (indem man sie für diesen
Zeitraum für »unrein« erklärte). Auch hierfür wurde

die höchstmögliche, drakonische Strafe angedroht. Die Todesstrafe. Auch der Homosexuelle verstößt gegen dieses Gebot des »Vermehret euch«. Da sein Geschlechtsakt nicht zur Schwangerschaft führt, gilt er als »widernatürlich«.

Zum Zweiten geht es um die andersartige sexuelle Position. Die »a tergo«-Position, das Benutzen des Afters als Scheide, war ähnlich wie der heterosexuelle Analverkehr geächtet, auch er aus den Gründen der unterbleibenden Fortpflanzung. Auch dafür gab es in den prüden Fünfzigerjahren einige Witze, die darauf anspielten. Ihr »Held« war der Frauenarzt, der damals in Witzen immer neidvoll wegen seiner sexuellen Allgewalt verspottet wurde.

> Eine Frau kommt zum Arzt, der sagt, dass er zur genaueren Untersuchung ihre Temperatur messen müsse. Wie sie es denn am angenehmsten empfände, das Fieberthermometer im Mund, in der Achselhöhle oder im Po.
> Sie sagt: »Anal.«
> Der Arzt legt sie auf die Liege, und die Frau sagt nach einer kleinen Pause: »Herr Doktor, das ist aber nicht rektal.«
> Darauf der Arzt: »Das ist aber auch nicht das Fieberthermometer.«

Wer an heutige digitale Fiebermessmethoden und an heutige Empfindlichkeiten gegen ärztliche Missbrauchsgewalt gegen Patientinnen denkt, wird diesen Witz als steinzeitalt empfinden. Als aus vorsintflutlichen Zeiten des Verhältnisses Patientin/Arzt stammend.

Der zweite Vorbehalt und Vorwurf, der mit dem Verdikt der Ekeligkeit bedingt war, war also der der Sexualposition. Nicht umsonst gilt die »frömmste« gottgewollte Stellung als »Missionarsstellung«.

Auch dafür einen schlichten Witz aus der Zeit der Fünfzigerjahre:

> Kommt ein Arbeitsloser nach Hause. Und sagt frohlockend zu seiner Frau: »Ich hab 'ne neue Stellung!«
> Darauf die Frau, missmutig: »Hättest du dich mal lieber um eine neue Arbeit bemüht.«

Einen »Stellungswitz« gibt es auch bezüglich des Aufkommens des neuen Mediums »Fernsehen«:

> Ein kinderloses Ehepaar, das einen immer heftigeren Wunsch nach Nachwuchs empfindet, lässt sich penibel bei einem Arzt untersuchen und fragt, woran es denn liege, dass die Frau nicht schwanger würde. An ihr, an ihm, an seinem Samen, an den Eierstöcken? Die Ärzte stellen fest, dass beides bei beiden bestens in Ordnung wäre.
> »Hm«, sagt das Ärzteteam, das die beiden gründlich untersucht hat. »Wir können beim besten Willen nichts finden, was bei Ihnen einer erfolgreichen Befruchtung im Wege stünde.«
> Der Arzt überlegt kurz. Dann fragt er: »In welcher Position haben Sie Geschlechtsverkehr?«

Der Mann antwortet, und die Frau nickt:
»Immer *a tergo*!«
»Tja«, sagt der Arzt, »vielleicht liegt es da-
ran, vielleicht sollten Sie mal die Missionars-
position probieren.«
Darauf der Mann und die Frau, unisono und
voller Empörung:
»*And how should we watch television?!*« –
Und wie sollen wir dabei fernsehen?

Die Nähe der Genitalorgane zu den Ausscheidungsorganen, die Lichtenberg, wie gesagt, in seinen *Sudelbüchern*
schon in eine befremdete Verwunderung versetzt hat,
dürfte einer der stärksten Gründe der Ächtung aus Ekel
vor dem Widernatürlichen sein. Die in vielen Ländern
gängige Gewohnheit, den Analverkehr zur Geburtenkon-
trolle zu »missbrauchen«, gilt schon deshalb als »widernatürlich« und spiegelt sich auf groteske Weise in dem
»Was wäre wenn«-Witz von einer gänzlich anderen Pra-
xis der Vermehrung wider. Nicht wie die Biene oder die
Schmetterlinge, sondern … aber lesen Sie selbst:

Pause in der Oper. Das festliche Publikum strebt
zu den bereitstehenden Bars, um einen Drink,
ein Glas Champagner zu sich zu nehmen. Die
Herren im Smoking, mindestens im dunklen
Anzug. Die Frauen in prächtigen Abend-
kleidern. Ein gewisses Gedränge am Bartresen.
Eine Dame im schulterfreien Abendkleid steht
mit ihrem Mann, der sich zur Bestellung ein
wenig vorgeschoben hat, in der Barschlange.

Plötzlich stellt sich ein Mann hinter die Dame.
Er nimmt seine Hand, krümmt sie. Und klopft
ihr mit gebogenem Zeige- und Mittelfinger
»Tack, tack, tack« auf den nackten Rücken.
Die Frau ist irritiert. Der Mann neben ihr
ebenfalls. »Würden Sie das bitte unterlassen!«,
ermahnt er den fingerklopfenden Herrn.
»Selbstverständlich!«, sagt der. »Ich bitte um
Verzeihung!«
Doch zwei Minuten später, die Bestellenden
warten immer noch, wiederholt der Fingerklopfer sein Fingerspiel auf dem nackten
Frauenrücken: »Tack, tack, tack.«
Die Frau ist verärgert, ihr Mann dreht sich um
und sagt in schärferem Ton: »Ich habe doch
gesagt, Sie sollen das unterlassen!«
Der Fingerklopfer stammelt: »Bitte vielmals
um Entschuldigung! Selbstverständlich!
Soll nicht mehr vorkommen!«
Doch kurz darauf (wie in jedem guten Witz
beim dritten Mal) überkommt und übermannt
es ihn wieder. »Tack, tack, tack, tack«, trommeln
seine nervösen Finger auf dem nackten Rücken
der fremden Frau.
Ihr Mann dreht sich wütend um und sagt:
»Jetzt reicht's«, und geht in Boxerstellung gegen
den Rückenklopfer.
Der sagt: »Verzeihung, ich muss etwas erklären.
Ich bin nämlich nicht von hier. Ich bin vom
Mars. Und da ...«
Der zornige Mann und seine Frau staunen.

Ihre Wut verwandelt sich in Neugier. »Vom Mars ...«, sagt der Mann. »Ach was. Das sieht man Ihnen überhaupt nicht an. Sie sehen überhaupt nicht anders aus. Sind auch nicht anders gekleidet. Was ist denn bei Ihnen überhaupt anders?«

»Das kann ich Ihnen erklären«, sagt der als Marsmännchen entlarvte Klopfer. »Wir sind in allem den Menschen gleich, aber wir Marsmänner haben keine Geschlechtsorgane, keinen Schwanz, keinen Penis.«

»Ach was!«, staunen der Mann und seine kurz zuvor beklopfte Frau. »Keine Genitalien! Das ist ja wirklich seltsam und merkwürdig!« Und nach einer Pause fragt der Mann: »Und wie, äh, wie habt ihr denn eigentlich Sex?«

Darauf krümmt der Mann seine Rechte und klopft mit den beiden Fingern der Frau »Tack, tack, tack« auf die nackte Schulter. »So!«, sagt er und macht noch einmal »Tack, tack, tack«.

Vom Mars kommt er. Die Homosexuellen mussten in der Definition wegen ihrer anderen Geschlechtsgewohnheiten als »Urninge« mindestens vom Uranus, wenn schon nicht vom Mars kommen. Das ist übrigens ein Witz, bei dessen taktiler Erzählung man mit der Partnerinnenwahl vorsichtig sein sollte.

Als Klaus Wowereit 2001 die CDU/SPD-Herrschaft der Großen Koalition beendete, sagte er einen Satz, der seitdem als geflügeltes Wort der emanzipierten Schwulenbewegung gilt: »Ich bin schwul, und das ist auch gut so!«

Das war ein wichtiger Befreiungsschlag, dem weitere Outings folgten. Von Popsängern. Von Sportlern. Von Industriemanagern. Das jüngste, Anfang November 2014, von keinem Geringeren als dem Apple-CEO Tim Cook: »Ich denke«, sagte er, »dass das Schwulsein eines der größten Geschenke ist, die mir Gott gegeben hat.« Der Satz gilt auch deshalb als besonders mutig, weil Apple dadurch Einbußen in seinen Geschäften in islamischen Ländern fürchten muss. Und weil er gesagt wurde, nachdem mehrere Konzernchefs wegen ihrer Homosexualität in Schwierigkeiten gekommen waren.

Ich kann mir nicht helfen: Der Satz mit dem großen Gottesgeschenk ist so laut, so schrill, so prahlerisch, dass er weit hinter Wowereits »Das ist auch gut so« zurückfällt. Er wirkt wieder wie das Pfeifen im Walde.

12. DER RUNDE MUSS INS ECKIGE – GALGENHUMOR BEIM FUSSBALL

Der Fußball, früher, als man noch monarchisch dachte, auch »König Fußball« genannt, heißt neckisch »die wichtigste Nebensache der Welt«. Jedenfalls in fußballbesessenen Ländern, also in ganz Europa, in ganz Lateinamerika und auch sonst in weiten Teilen der Welt. Der Fußball, der dem Spiel seinen Namen gibt, ist eine luftgefüllte runde Kugel und wird von Fußballreportern, der Abwechslung halber bei Spielberichten »die Kugel«, »das Leder«, »die Pille« genannt. Er ist gleichzeitig seltsam kurzlebig, launisch und stimmungsabhängig, andererseits auch ungeheuer langlebig, zäh, seine Ereignisse können morgen vergessen und weggespielt sein, weshalb die wichtigste Fußballerkenntnis heißt: »Der Ball ist rund.« Und das erinnert auch an die wetterwendische, kapriziöse, ständig zu Umschlägen bereite Kugel der Fortuna. »Morgen läuft eine andere Sau durchs Dorf«, heißt das in der Politik. »Morgen ist ein anderes Spiel.« Auch da neigen Reporter zu sagen: »Da werden die Karten neu gemischt.«
Zur Kurzlebigkeit möchte ich zwei Beispiele erwähnen. Ich schreibe diesen Text im November 2014, und eben ist Borussia Dortmund, in den letzten Bundesligajahren der

einzige, fast ernst zu nehmende Konkurrent von Bayern München, nach einem jahrelangen Höhenflug in die Abstiegszone, jedenfalls in der Liga, gestürzt. Und jetzt die Pointe: Der Trainer, Jürgen Klopp, läuft zur gleichen Zeit in einer Fernsehwerbung, deren einzige Botschaft ist: »Ich bin verliebt in den Erfolg.« In Zeiten des Misserfolgs wirkt das etwas deplatziert, um nicht zu sagen: aus der Zeit gefallen. Aber wie gesagt, morgen läuft eine andere Sau durchs Dorf.

Das zweite Beispiel ist ein Witz, und es ist noch eklatanter. Denn der Witz war die einzige Eintagsfliege, über deren Pointe genau vierundzwanzig Stunden gelacht wurde, dann war sie schon perdu, weil aus ihrer abstrus anmutenden Behauptung Wahrheit geworden war. Wir gehen noch einmal nach Brasilien, in die Halbfinale und das Finale der WM 2014. Gerade hatte Deutschland im ersten Halbfinalspiel die Fußballwelt buchstäblich auf den Kopf gestellt. 7:1 wurde Brasilien, der Anwärter und Favorit auf den Weltmeistertitel, im eigenen Land besiegt. 7:1, in Worten: sieben zu eins, das war bis dato unvorstellbar.

Am nächsten Tag wurde das andere Halbfinale ausgetragen, zwischen Holland und Argentinien. Fußball ist inzwischen, das brauche ich niemandem zu sagen, das meistgeschaute Fernsehereignis der Welt, wenn es zur Mondiale kommt. Und so bevölkerten an dem Tag, als Deutschland schon sein Halbfinale gewonnen hatte und Holland noch vor dem Spiel stand, um ins Finale zu kommen, Fan-Scharen die deutschen Supermärkte, Kaufhäuser und Einkaufszonen. Anhänger mit holländisch bemalten Gesichtern mischten sich mit Müttern und Vätern, die auf ihren Einkaufswagen Kinder mit deutschen Fähnchen mitschoben, die fröhlich »Deutschland, Deutschland« krähten. Und da entspann sich der folgende Dialog zwischen den ewigen Nachbarrivalen Holland und Deutschland:

> »Wir spielen heute gegen Argentinien«, sagten die Holländer stolz. Und die Deutschen antworteten: »Komisch! Gegen die spielen wir auch. Aber erst am Sonntag!«

Leider hat sich diese hochnäsige Erwartung auch erfüllt, und damit war der Witz am nächsten Abend schon tot. Oder: gar nicht mehr komisch. Es ist einer der Witze mit der kürzesten Umlaufzeit.

Zu den langlebigen Legenden des Fußballs gehört natürlich das »Wunder von Bern« (1954), das eher als politisches oder völkerpsychologisches Ereignis nachwirkt; es war nach der absoluten Niederlage, der totalen Zerstückelung und Zerstörung Deutschlands, der erste Anlass, um wieder deutsche Fähnchen zu schwenken und die Nationalhymne zu singen. Die dritte Strophe, versteht sich. Und dieses Ereignis sollte jahrzehntelang gültig bleiben, weil sich der Kalte Krieg und die Teilung in Deutschland glücklicherweise in erster Linie am Sport abarbeiteten. Westdeutschland, die Bundesrepublik, war Fußballweltmeister, die DDR der Olympiasieger. Die einen hörten ihre Nationalhymne in Fußballstadien, die anderen auf Siegertreppchen nach dem Kugelstoßen oder Speerwerfen maskuliner Frauen.

1974 wurde Deutschland in Deutschland Weltmeister. Damals musste man politisch korrekt noch »Be-Er-De«

sagen, und da passierte es: In der 1. Finalrunde schlug die »De-De-Er« die »Be-Er-De«. Und obwohl nur wenige Tage später Deutschland tatsächlich gegen Holland Weltmeister wurde, hat sich diese Schmach von Hamburg ins nationale Fußballbewusstsein eingraviert. Der Name des Siegesschützen, Sparwasser, wurde zum Fluch, und Kaiser Franz spuckte – pfui Teufel! – auf den Hamburger Rasen.

Solche Legenden der Schmach gibt es viele. Zum Beispiel zum Tor in England, das Deutschland die Weltmeisterschaft kostete und den damals wortgewaltigen Präsidenten Heinrich Lübke zu der ehernen Geschichtsfeststellung nötigte: »Der Ball war drin!« Damals galt die englische Definition des Fußballspiels: »Ein Fußballspiel dauert neunzig Minuten und endet, wenn die Deutschen gewonnen haben.«

Ach, wenn dem so gewesen wäre! Ich selbst war in Argentinien bei der Schande von Cordoba dabei. Argentinien war ohnehin das Elendste, was man damals an WM erleben konnte. Es war Südwinter, kalt, unfreundlich, die Straßen wimmelten von Militär, man vermutete in den Kellern der Stadien noch politische Gefangene, die dort eben noch zusammengetrieben waren, und zu dem politischen Ekel, der einen erfasste, kam (für Fußballfans erschwerend) hinzu, dass Deutschland gegen Österreich aus der WM flog. »Die Schande von Cordoba« heißt dieses Spiel in den Geschichts-Annalen. Als viel, viel später die Deutschen ICEs immer öfter und immer spektakulärer an der Hitze des Sommers, den Schneeverwehungen des Winters und den Regengüssen in Herbst und Frühling kapitulierten, machte die österreichische Bahn, die alpengestählt war, mit dem Slogan Werbung, sie sei pünktlich: »Wir sind nicht Cordoba.«

Fußball hat eine nationale und auch eine regionale Geschichte. Im Norden ist man in der Regel gegen die Bayern und, falls Bremen und Hamburg mangels Qualität nicht zur Verfügung stehen, für Schalke und Borussia Dortmund. Im Süden gilt, dass der Zweifel und das Versagen der Gefolgschaft ein schlimmeres Sakrileg sind als der Kirchenaustritt. Und diese Tatsache hat zwei Witze hervorgebracht, die ihren Ursprung längst überlebt haben.

Vor drei Spielzeiten stand Bayern München kurz vor Saisonende vor dem größten Vereins-Coup der Geschichte. Die Meisterschaft lag zum Greifen nahe, nur noch Dortmund musste besiegt werden; der Pokal winkte in Berlin, auch da war Dortmund der Gegner; und, Krönung des Ganzen, die Bayern standen im Champions-League-Endspiel gegen den FC Chelsea. Und, aus dem Himmel winkte Fortuna, das Endspiel fand in Deutschland und nicht nur in Deutschland, sondern in München statt. Es war also ein Heimspiel der Bayern. »Dahoam«, wie man in München stolz sagt. Um es kurz zu machen: Bayern verlor auf allen drei Schlachtfeldern – national, Pokal, international. Und eigentlich war immer ein Spieler schuld (der übrigens inzwischen für Bayern pausenlos wieder Bälle reinsemmelt), nämlich Arjen Robben. Er verschoss diverse Elfmeter. Und was entscheidend war: den entscheidenden Elfmeter in der Verlängerung des Champions-League-Endspiels in München. Damals machte der folgende Witz die Runde:

Ein Richter verurteilt einen Angeklagten zum
Tode. Und er sagt im Schlusswort zu dem Ange-
klagten: »Ich habe eine gute und eine schlechte
Nachricht für Sie. Die schlechte Nachricht ist:
Sie werden morgen früh erschossen. Die gute:
Robben schießt.«

Abgesehen davon, dass es hierzulande keine Todesstrafe
gibt, worum sich Witze aber nicht kümmern, und abgesehen davon, dass Bayern München schon ein Jahr später
alle drei Trophäen kassierte, erzielt man mit dem Witz
noch jedes Mal Gelächter, obwohl er aus der Zeit in die
Steinzeit gefallen scheint. Die Bayern, die sich durch ihre
nicht zu bremsenden Erfolge, ihre satten Finanzen und
ihr deshalb (in den Augen ihrer Nicht-Verehrer) arrogan-
tes Auftreten nicht nur Freunde machen – Neid ist ja bekanntlich der größte Nager am Erfolg –, glauben fest daran, dass sie ihren Erfolg Uli Hoeneß verdanken. Hoeneß,
der Wurstfabrikant und Erfolgsmanager der Bayern, war
nicht von Anfang an mit einer guten Legende verbunden.
Nicht von Anfang an war er der Schöpfer des erfolgreichsten deutschen Fußballclubs, der blauweißen, rot umran-
deten Rautenzier, dem Stolz von Deutschlands Süden.
Im Gegenteil. Er beendete seine fußballerische Karriere
auch mit einem Desaster. Bei der Europameisterschaft in
Belgrad 1976 verschoss er den entscheidenden Elfmeter
beim Elfmeterschießen und brachte Deutschland um den
EM-Titel. Da muss man lange zocken und arbeiten, um
das vergessen zu machen! Aber schließlich holte ihn
das Schicksal doch wieder ein. Hoeneß wurde zu einem
riesigen Steuerhinterziehungsfall. Und eines Tages, am

13. März 2014, stieg ich mittags ins Flugzeug nach München, und vormittags hatte der Staatsanwalt für Gefängnis plädiert, ich glaube auf sieben Jahre. Und während wir in der Luft schwebten, war das Urteil gefallen. Wir setzten zur Landung an, ich schaltete mein Handy wieder an und las die folgende Schlagzeile: »Der Runde muss ins Eckige. Hoeneß muss dreieinhalb Jahre ins Gefängnis.« Dort fühlt sich der Runde inzwischen offenkundig nicht mehr sehr eingeengt, sein Ruf wie Donnerhall hat sich wieder durchgesetzt, und Bayern siegt in seinem Geiste.

Damals war Christian Wulff bereits aus dem Amt prozessiert worden, und die Anklage war im Grunde auf den Vorwurf zusammengeschnurrt, dass Wulff auf dem Oktoberfest von seinem Freund Groenewold bewirtet wurde und der Lobbyist ihm angeblich wegen einer Förderungsempfehlung auch noch den Babysitter im Bayrischen Hof bezahlt hatte. Es ging, schlicht gesagt, um rund 720 Euro. Hoeneß dagegen hatte, wie sich inzwischen anwachsend herausstellte, 27 Millionen Euro Steuern hinterzogen. Und so rechnete am Abend vorher Harald Schmidt in seiner letzten TV-Show den Zuschauern vor: »27 Millionen Euro! Dafür hätte Hoeneß Christian Wulff 36.000 Mal zum Oktoberfest einladen können!«

Diese Summe gilt seither in Gerichtsreportagen immer noch als Maßeinheit. So lese ich gerade, dass Middelhoff zu drei Jahren Haft wegen Veruntreuung verurteilt worden ist, wegen umgerechnet 750.000 Euro. Und dann folgt anklagend der Satz: Und Hoeneß nur drei Jahre für 27 Millionen!

Dazu fällt mir der alte Irrenwitz ein:

Als man noch von Irren sprechen durfte, beobachten zwei Irre vom Fenster aus einen Regenbogen. Sagt der eine zum anderen: »Dafür haben sie Geld! Aber uns nicht studieren lassen!«

»Nach dem Spiel ist vor dem Spiel«, lautet eine eiserne Fußballerkenntnis, und darin steckt auch der Spruch der (ehemaligen) jungen Pioniere: »Allzeit bereit!« Oder, mit Hamlet: »*Readiness is all.*« Es ist wie die Kühlerfigur des Jaguars, der immer zum Sprung ansetzt. Und nach der Weltmeisterschaft gilt auch: »Nach der Weltmeisterschaft ist vor der Weltmeisterschaft.« Und wenn wir denken, dass ich eben noch das große Bild von den Endspielen in Rio vor Augen habe, dann fällt mir ein auffälliges Tribünenbild ein:

In der Mitte unter vielen Fifa-Funktionären, Offiziellen, Regierungsvertretern thront in einem breiten Panorama Fifa-Präsident Blatter. Rechts wird er flankiert vom russischen Präsidenten Putin und links von der deutschen Kanzlerin Angela Merkel. In der Halbzeit, es steht 0:0 zwischen Argentinien und der Jogi-Löw-Elf, der Mittelplatz des Fifa-Präsidenten ist gerade frei, beugen sich Merkel und Putin einander zu. Pausen-Small Talk. Ich weiß nicht, was die beiden wirklich miteinander gesprochen haben, aber Marcel Reif, mein fußballfestester Freund, hat es mir beim Mittagessen, bevor wir Weltmeister wurden, mit einer hundertprozentigen Witzwahrscheinlichkeit erzählt:

Merkel also beugt sich zu Putin und sagt:
»Wladimir, nun sind Sie ja wohl als Nächster
in vier Jahren mit der Weltmeisterschaftsaus-
richtung dran.«
»So ist es, liebe Angela Merkel«, sagt Putin.
»Wir richten in der Tat in Russland die nächste
Weltmeisterschaft aus.«
»Ja, interessant«, sagt Merkel. Und nach einer
Pause: »Und wo wird dann das Endspiel statt-
finden?«
»Aber natürlich in Leipzig, liebe Angela«, sagt
Putin.

Der Witz hat, als ich ihn im November 2014 nieder-
schreibe, durchaus immer eine bedrohliche Pointe. Eine
ukrainische!
Eine Wirkung, die in die Vergangenheit zielt, entfaltet
immer noch der folgende Witz. Es geht um die Bewusst-
seinslage, die die Friedensverträge von Versailles und
Saint-Germain mit ihrer Zerstückelung der K.-u.-k.-Do-
naumonarchie in den Fantasien der Betroffenen hinter-
ließen. Wie lange lebt vergangene Pracht und Macht in
der historischen Erinnerung!
Die folgende Fußballgeschichte handelt vom letzten Habs-
burger Thronerben, Otto Habsburg, der in Bayern lebte
und für die CSU im Europaparlament in Straßburg saß.
Er durfte – so wollte es die österreichische Verfassung, die
seit der Republik-Gründung das Führen von Adelstiteln
in der ehemaligen K.-u.-k.-Donaumonarchie untersagt
hatte, sodass der letzte Thronprätendent in Österreich
schlicht und einfach Otto Habsburg hieß, nur ohne »von«

und ohne jegliche adelige Zuordnung. Habsburg, ältester Sohn des letzten Kaisers, der amtlich Otto Habsburg-Lothringen hieß, ist 2011 mit fast neunundneunzig Jahren gestorben. Er war, wie gesagt, viele Jahre Europaparlamentarier für Bayerns CSU in Straßburg.

> Eines Tages also kommt Habsburg ins EU-Parlament. Das Gebäude wirkt wie ausgestorben, obwohl eigentlich ein normaler Arbeitstag angesagt ist.
> »Was ist denn hier los?«, fragt Habsburg den Pförtner. »Warum ist es hier so leer?«
> Darauf sagt der Pförtner: »Exzellenz, heute ist das Fußballländerspiel.«
> »Aha«, sagt Habsburg, »verstehe.«
> »Ja«, sagt der Pförtner, »Österreich-Ungarn.«
> »Verstehe«, sagt Habsburg. Und fragt dann:
> »Gegen wen?«

In diesem nostalgischen Witz blitzt für einen Augenblick das alte Kaiserreich in seinem Glanz und seiner Herrlichkeit vor dem verlorenen Ersten Weltkrieg wieder auf. So wirkte er, obwohl er scheinbar aus der Zeit gefallen war, von einer »zeitlosen Aktualität«.

13. KOPFBÄLLE

Da Spitzenfußballer neben ihren körperlichen Fähigkei-
ten, ihrer fußballerischen Fitness und Intelligenz nicht
zwangsläufig auch Gehirnakrobaten und Sprachvirtuo-
sen sind, krallt sich die Schadenfreude in diese Diskre-
panz. Spott ist das Ergebnis, sogar Häme, man sucht bei
sportlichen Übermenschen und Stars nach dem geistigen
Neandertaler. Dem kommt entgegen, dass sich Fußball-
spieler, die ja immerhin im weltgrößten Show-Business
auftreten, dem TV-Milliardenspiel Fußball, wichtig dün-
ken und sich ihnen bei jeder sich nur bietenden Gelegenheit das Mikrofon eines Reporters entgegenstreckt. Viele
Fußballer versuchen sich dann entsprechend der in ihnen
vermuteten Einsicht möglichst geschwollen auszudrücken. So entsteht unfreiwillige Komik, und die Internet-
portale, die Stilblüten von Fußballern sammeln, füllen
sich Woche für Woche neu. Es ist das gleiche Bedürfnis,
aus dem Pannen auf TV-Clips gesammelt werden, jedes
Ausrutschen auf jeder Art Bananenschale.

Die Schadenfreude, die sich über die unfreiwillige Komik
hermacht, gilt ja ohnehin – und das haben große Humoristen wie Wilhelm Busch oder Mark Twain erkannt – als

die schönste Freude. In der Erziehungsbildergeschichte *Plisch und Plum*, wo zwei Hunde und zwei Knaben abgerichtet werden, drängt sich am Schluss jedes Kapitels der Bauer Schlich ins Bild, wirft einen scheelen Blick auf den Betrachter, grinst schief und sagt laut unten stehenden Vers: »Höchst fatal«, bemerkte Schlich, / »hähä, aber nicht für mich!«

Das ist eine poetische Übersetzung für das Sprichwort: »Wer den Schaden hat, braucht für den Spott nicht zu sorgen.«

Unfreiwillige Komik, eben auch in Verlautbarungen und Einsicht, entsteht aus dem Missverhältnis von Anspruch und Ergebnis. Das spiegelt sich in dem schwäbischen Witz vom Dirigenten der Stuttgarter Philharmoniker wider, der mit dem Taktstock die Probe abklopft, zum ersten Bläser blickt und sagt: »Was spielen Sie denn da zusammen, das klingt ja schauerlich!« Worauf der Musiker sagt: »I woiß au net. I blas so schö 'nei, und es kommt so wüscht 'naus!«

Bei dieser Gelegenheit kann man auch anmerken, dass sich perfekt dünkende Orchester, wie beispielsweise die Wiener Philharmoniker, an ihren Stardirigenten rächen, indem sie zum Beispiel wie folgt vorgehen:

> Nach einer Probe, in der der Stardirigent die Musiker immer wieder unterbrochen und niedergemacht hat, sagt der Konzertmeister am Ende der Probe zum Dirigenten: »Sie, Herr Böhm, wenn Sie uns weiter so behandeln, spielen wir wirklich, wie Sie dirigieren.«

Das beruht auf dem selbstbewussten Spruch der immer noch als weltbestes Orchester geltenden Wiener Philharmoniker: »Die Wiener Philharmoniker spielen eben am perfektesten, wenn sie der Dirigent am wenigsten stört.«

Schadenfreude, können wir daraus schließen, hat immer auch etwas mit Selbstüberhebung, Selbstüberschätzung und dem Sturz in die Lächerlichkeit zu tun. Und so gibt es noch den Witz über den hochmütigen Dirigenten, der in einer Probe auch wieder abklopft und zu den Hörnern gerichtet sagt: »Das zweite Horn ist viel zu laut.« Worauf der erste Hornist antwortet: »Herr Knappertsbusch (Böhm, Karajan, Bernstein usw ...), das zweite Horn ist heute gar nicht da.« Worauf der Maestro sagt: »Dann sagen Sie es ihm, sobald er kommt.«

Ein besonderer Held unfreiwilligen Humors ist Lothar Matthäus, langjähriger wichtigster Spieler der deutschen Nationalmannschaft und, noch länger, der Ruhepunkt und Anker der entscheidenden Mittelfeldspieler bei Bayern München. »Loddar«, wie er wegen seiner fränkischen Herkunft genannt wird, ist deshalb ein Lieblingsobjekt der Sammlungen unfreiwilligen Humors und dummer Sprüche, weil er gravitätisch durch seine Sätze schreitet wie der Storch durch den Salat und Naivität mit einem gewissen Überheblichkeitsgefühl paart. Sein schönster Spruch für mich ist: »Ein Lothar Matthäus lässt sich nicht von seinem Körper besiegen. Ein Lothar Matthäus entscheidet selbst über sein Schicksal.« Und er sagt so fabelhafte Sätze wie: »Ich habe kein Problem, mal mit Werner Lorant ein Bier zu trinken – oder auch mal ein Kaugummi

zu kauen.« Da ist ihm wohl bei der voreiligen Verferti-
gung des Gedankens der Schreck in die Glieder gefahren,
dass für einen Sportler ein Bier zu trinken nicht die geeig-
nete Form der Kommunikation ist.

Lothar Matthäus macht gern die Fehler vieler Leute, die
besonders gravitätische Sprachbilder suchen, in denen sie
sich wie in einem Labyrinth verlaufen. Zum Beispiel in
einer anderen angespannten Situation: »Wir dürfen jetzt
nur nicht den Sand in den Kopf stecken.« Manchmal
tanzt ihm dann die Sprache mit einer heimlichen Wahrheit auf der Nase rum. Zum Beispiel, wenn er zum Kokain-
Geständnis von Trainer Christoph Daum die folgende
Erkenntnis beisteuert: »Wichtig ist, dass er nun eine klare
Linie in sein Leben bringt.« Bei Kokain ist das, wie gesagt,
rasierklingenscharf gedacht. Auch seine Karriereplanung,
als er älter wird, spricht er entschieden aus: »Schiedsrichter kommt für mich nicht infrage. Schon eher etwas, das
mit Fußball zu tun hat.«

Ganz selten überkommt ihn eine jähe Einsicht: »Manchmal spreche ich zu viel.« Und seine Auseinandersetzung
mit fremden Sprachen ist ebenso legendär wie das Schaff-
ner-Englisch, wo man wie beim Loddar-Englisch manchmal ins Grübeln kommt.

Mir fällt an dieser Stelle ein, dass ich neulich in Mann-
heim umsteigen musste und der Schaffner vor der Ein-
fahrt sagte: »*We are now arriving* Männheim.« Und mir
fiel siedend heiß für meine Weiterfahrt ein, wie er wohl
Pforzheim und Darmstadt übersetzen würde.

Doch zurück zu Matthäus. Der erklärte bei seiner ersten
Pressekonferenz in New York: »*I hope, we have a little bit
lucky.*« Später, als der Spott über ihn zunahm, gelobte er

Besserung: »Jeder, der mich kennt und der mich reden gehört hat, weiß genau, dass ich bald Englisch in sechs oder auch in vier Wochen so gut spreche und Interviews geben kann, die jeder Deutsche versteht.«

Der erste und älteste Fußballspruch ist der des ersten deutschen Weltmeistertrainers, der von Sepp Herberger. »Der Ball ist rund, und ein Spiel dauert neunzig Minuten.« Das ist unumstößlich wahr (obwohl, in jüngeren Zeiten meist in Entscheidungsspielen mit Verlängerungen von zweimal fünfzehn Minuten und sogar mit anschließendem Elfmeterschießen gespielt wird) und hat auch in Wahrheit einen tiefen Sinn. »Der Fußball ist rund« heißt, er ist der Knopf an Fortunas Mütze (Shakespeare), aber Spiele, die sich erst in der neunzigsten Minute oder sogar in der Nachspielzeit gedreht haben, gibt es viele. Fußball ist also auch ein Gleichnis für den Übermut des Schicksals. Wobei von Sieg und Gewinn eben wirklich Millionensummen und Millionenverträge abhängen.

Das alles ist in der Einsicht »Der Ball ist rund, und ein Fußballspiel ist zu Ende, wenn es zu Ende ist« enthalten. Die Engländer, im ursprünglichen Vaterland des Fußballs, haben, wie eingangs zitiert, eine Zeit lang sehr bitter gesagt: »Ein Spiel dauert neunzig Minuten und ist zu Ende, wenn die deutsche Mannschaft gewonnen hat.« Das passt zu der amerikanischen Einsicht für Kulturbanausen: »Eine Oper ist dann zu Ende, wenn die dicke Dame *(fat lady)* gesungen hat.« Das ist allerdings, wo der Diätwahn und die Sportlichkeit auch die Koloratursängerinnen ereilt haben, längst obsolet.

Matthias Sammer, inzwischen bei Bayern München, hat die ebenso unumstößliche Fußballweisheit geäußert:

»Das nächste Spiel ist immer das nächste«, wobei man ihm zugutehalten müsste, dass er sich versprochen hatte und die alte Fußballweisheit äußern wollte: »Das nächste Spiel ist immer das schwerste.« Das gilt auch, ohne Witz, für den ebenso unumstößlichen Satz: »Nach dem Spiel ist vor dem Spiel«, inzwischen als Lebensweisheit verbreitet. Lothar Matthäus bringt das aber auf einen sehr eigenwilligen Punkt: »Es ist wichtig, dass man neunzig Minuten mit voller Konzentration an das nächste Spiel denkt.«

Fußball bringt allgemein große Einsichten hervor. Zum Beispiel: »Wir wollten in Bremen kein Gegentor kassieren. Das hat auch bis zum Gegentor ganz gut geklappt.«

Ein Meister der gravitätischen Sprechweise und der philosophischen Tiefsinnsplattheiten ist Kaiser Franz (Beckenbauer). Nach einem Spiel: »Ja, die Schweden sind keine Holländer, das hat man ganz genau gesehen.« Oder Berti Vogts, der sich als deutscher Nationaltrainer auch als Misogyn, also als Frauenfeind äußerte, oder jedenfalls die Gewalt in die Ehe und ins Privatleben vertagen möchte. Er hat es so formuliert: »Hass gehört nicht ins Stadion. Die Leute sollen ihre Emotionen zu Hause mit ihren Frauen ausleben.«

Ein weiteres Beispiel. Befragt über den nächsten Gegner im Europapokal, bemerkte Andi Möller, Mittelfeldspieler von Eintracht Frankfurt: »Mailand oder Madrid – Hauptsache Italien.« Das ist ja wahr, beide fangen mit M an.

Natürlich kommen in der Hitze des Gefechts bei Fußballreportagen Sprachbilder nach dem Motto »Das schlägt dem Fass die Krone ins Gesicht« zustande, wenn beispielsweise der BR-Reporter Gerd Rubenbauer erklärt: »Die Achillesferse von Bobic ist die rechte Schulter.« Und

die allerberühmteste fatalistische Erkenntnis ist die von Jürgen Wegmann, die inzwischen zum Sprichwort avanciert ist: »Zuerst hatten wir kein Glück, und dann kam auch noch Pech dazu.« Da ist er wieder, der runde Ball.
Da Fußball ein sehr internationaler Sport ist, muss die Wutrede des großen italienischen Trainers von Bayern München hier zitiert werden, die längst im Fußball-Büchmann *(Geflügelte Worte)* gelandet ist:

> Es gibt im Moment in diese Mannschaft, oh, einige Spieler vergessen ihnen Profi, was sie sind. Ich lese nicht sehr viele Zeitungen, aber ich habe gehört viele Situationen: Wir haben nicht offensiv gespielt. Es gibt keine deutsche Mannschaft spielt offensiv und die Namen offensiv wie Bayern. Letzte Spiel hatten wir in Platz drei Spitzen: Elber, Jancker und dann Zickler. Wir mussen nicht vergessen Zickler. Zickler ist eine Spitzen mehr Mehmet e mehr Basler. Ist klar diese Wörter, ist möglich verstehen, was ich hab gesagt? Danke. Offensiv, offensiv ist wie machen in Platz.
> Ich habe erklärt mit diese zwei Spieler: Nach Dortmund brauchen vielleicht Halbzeitpause. Ich habe auch andere Mannschaften gesehen in Europa nach diese Mittwoch. Ich habe gesehen auch zwei Tage die Training. Ein Trainer ist nicht ein Idiot! Ein Trainer sehen, was passieren in Platz. In diese Spiel es waren zwei, drei oder vier Spieler, die waren schwach wie eine Flasche leer!

Haben Sie gesehen Mittwoch, welche Mannschaft hat gespielt Mittwoch? Hat gespielt
Mehmet oder gespielt Basler oder gespielt
Trapattoni? Diese Spieler beklagen mehr als
spielen! Wissen Sie, warum die Italien-Mann-
schaften kaufen nicht diese Spieler? Weil wir
haben gesehen viele Male solche Spiel. Haben
gesagt, sind nicht Spieler für die italienische
Meisters.

Strunz! Strunz ist zwei Jahre hier, hat gespielt
zehn Spiele, ist immer verletzt. Was erlauben
Strunz? Letzte Jahre Meister geworden mit
Hamann eh … Nerlinger. Diese Spieler waren Spieler und waren Meister geworden. Ist
immer verletzt! Hat gespielt 25 Spiele in diese
Mannschaft, in diesem Verein! Muss respek-
tieren die andere Kollegen! Haben viel nette
Kollegen, stellen sie die Kollegen infrage!
Haben keinen Mut an Worten, aber ich weiß,
was denken über diese Spieler!

Mussen zeigen jetzt, ich will, Samstag, diese
Spieler mussen zeigen mich e seine Fans, mussen allein die Spiel gewinnen. Ich bin müde
jetzt Vater diese Spieler, eh, verteidige immer
diese Spieler! Ich habe immer die Schulde über
diese Spieler. Einer ist Mario, einer, ein anderer ist Mehmet! Strunz dagegen egal, hat nur
gespielt 25 Prozent diese Spiel! Ich habe fertig!

Es gibt natürlich Fußballreporter, die die höhere Tochter
des unfreiwilligen Humors, die bewusste Ironie, einsetzen.

Sie tun willentlich, was anderen unwillentlich passiert, sie wollen komisch sein, um Langweiliges aufzuhellen. Auch hierfür zwei Beispiele, das eine vom Sportreporter Johannes B. Kerner, der von einem Spieler berichtete, der schon eine gelbe Karte, also eine Verwarnungskarte hatte und wusste, dass zwei Mal Gelb in einem Spiel Rot ist und daraufhin beim zweiten Gelb vom Platz gestellt wurde: »Wenn man Gelb hat und so reingeht, kann man nur wichtige Termine haben.« Das andere von Marcel Reif, der ein besonders langweiliges Spiel kommentierte und dazu die Einsicht für die Zuschauer hatte: »Wenn Sie dieses Spiel atemberaubend finden, haben Sie es an den Bronchien.« Das Lied *Atemlos durch die Nacht* gab es damals noch nicht.

Im Übrigen sprichwörtlich: Auch dass man die sogenannte Arschkarte gezogen hat, kommt aus der Fußballgeschichte, und zwar, als das Fernsehen noch schwarzweiß war und Fußballspiele eben auch schwarz-weiß über den Bildschirm wackelten. Da hatte der Schiedsrichter die gelbe Karte in der Brust- und die rote Karte in der Gesäßtasche. Die Arschkarte stammt also auch als geflügeltes Wort aus dem Fußball und wird heute aufs gesamte Pech im Leben bezogen.

14. UNFREIWILLIGE KOMIK: FRIEDERIKE KEMPNER

Das hochgeborene Fräulein war von großem dichterischen Ehrgeiz getrieben. Heines *Ich weiß nicht, was soll es bedeuten*, Goethes *Sah ein Knab ein Röslein stehn*, Schillers *Lied von der Glocke*, Uhlands *Droben stehet die Kapelle* – all sie wollte die gebildete und vermögende Dame mit ihren Gedichten erreichen. Und in der Tat: Sie wurde der »schlesische Schwan« der wilhelminischen Zeit, indem sie den hohen lyrischen Ton der Klassiker suchte und – »knapp, aber schreiend komisch« – verfehlte. Sie war so gefühlvoll, dass ihr ins Korsett gezwängter Busen bebte und ihre Leser sich vor Lachen krümmten. Tränen der Rührung, damals noch mit »Th« geschrieben, »Thränen« wie Thron, wollte sie hervorrufen. Und ihre Leser lachten Tränen. So wurde sie Deutschlands Muse des unfreiwilligen Humors: Friederike Kempner, die von 1828 bis 1904 einsam (nur mit ihrem Papagei und Hund?) lebte und dichtete und die mit ihrer verzweifelten reichen Verwandtschaft um ihre Lyrik kämpfte und siegreich blieb. Vergeblich suchte ihre Sippe, die ob ihrer Gedichte vor Scham in den Boden sinken wollte, den »Schwan« mundtot zu machen, indem sie alle ihre Werke aufkaufte und der Vernichtung anheimgab. Aber sie schrieb weiter, publizierte, und das Publikum liebte sie auf gemeine Art, indem es die edle Seele, die sich ihnen in ihren grässlich hinkenden Gedichten und auf schrecklich lahmenden Versfüßen näherte, verlachte und verhöhnte – aber ihre schreiend falschen Reime (in »Reim dich oder ich fress dich«-Manier gesucht und gewaltsam gefunden) verschlang und sich gegenseitig laut vortrug.

Kempner hatte einen berühmten Neffen, den Theaterkritiker Alfred Kerr, der berühmteste deutschsprachige Theaterkritiker der Kaiserzeit und der Weimarer Republik und der Theatermetropole Berlin, der unter ihr litt, unter ihr und unter ihrem traurig-lächerlichen Ruhm, sodass er, wie sein Sohn Michael Kerr später bestätigte, wegen seines Tantchens seinen Familiennamen von »Kempner« in »Kerr« ändern ließ. Der Sohn besitzt noch die Urkunde der Umtaufe mit der Unterschrift Kaiser Wilhelms II. Von da an bestritt Kerr heftig, dass er mit der »dichtenden Dame« verwandt war. Nicht immer erfolgreich. Seit der *Dreigroschenoper* verfolgte Kerr Brecht mit einem Plagiatsvorwurf. Brecht habe Villons Lieder in der *Dreigroschenoper* einfach ohne Quellenangabe plagiiert. In der Tat hatte Brecht für die Songs der *Dreigroschenoper* die Ammer-Übersetzung der Villon-Gedichte wortwörtlich geplündert. Brecht antwortete rotzig, er sei in Fragen des geistigen Eigentums gleichgültig. Kerr verhöhnte er mit der inzwischen verleugneten Tante: Kerrs gekonnte Komik sei das Erbteil der echten unfreiwilligen Komik seiner Tante Friederike Kempner. Darauf antwortete Kerr mit einem Gedicht, das wie ein Bumerang auf ihn zufiel und das im *Berliner Tagblatt* erschien:

Nächtlich über dem Gebeinfeld
Hört man manchmal I-a schrein:
Wenn dem Esel sonst nichts einfällt
Fällt ihm meine Tante ein.

Auf diese Weise hatte Kerr die Prophetien seiner Tante
über ihre Rolle auf die Nachwelt in ihrem letzten Gedicht
– freiwillig, wie unfreiwillig – erfüllt, hatte sie doch ge-
dichtet:

Zu des Orkus finsteren Gewalten
Lege ich mein lebensmüdes Haupt,
Viel hab' ich gestrebt und viel geglaubt –
Ungeheuer, öffne deine Falten!

Lebenswarm die Brust, das weiche Herz,
Jung und kräftig und von Muthe strahlend:
Mitwelt, Deine Schuld bezahlend,
Gräbt die Nachwelt einst mein Bild in Erz!

Von den Sternen fiel ich nieder
Und verwinde nie den Fall,
Aber meine Hohenlieder
Ziehen klangvoll durch das All!

Und wenn ich dereinst mal sterbe,
Mahnet euch der Musen Chor:
Nicht enthaltet dieses Erbe
Euren Nachekommen vor!

Nachekommen!

Zur Ergänzung und Erläuterung möchte ich hier quasi als Fußnote das Ringelnatz-Gedicht vom *Bumerang* zitieren:

War einmal ein Bumerang;
War ein weniges zu lang.
Bumerang flog ein Stück,
Aber kam nicht mehr zurück.
Publikum – noch stundenlang –
Wartete auf Bumerang.

Das freiwillige, komisch gemeinte Morgenstern-Reimgedicht vom *ästhetischen Wiesel* habe ich an anderer Stelle bereits aufgeführt. Und da Friederikes »Hohenlieder klangvoll durch das All« ziehen, soll hier zu Hilfe noch ein Aphorismus von Botho Strauß her: »Der Diminutiv von ›All‹ ist ›Allein‹.«

Im Übrigen gilt für sie Schillers Feststellung: »Vom Erhabenen zum Lächerlichen ist nur ein kleiner Schritt.« Friederike K. ist ihn ständig gestolpert. Ach, und die Klassiker, damals noch im häuslichen Zitatenschatz wie in gipserner Nachbildung ihrer Marmordenkmäler. Natürlich hatte es ihr Goethes *Faust* angetan.

Oh Faust, Du Bild des Menschen,
Bald groß und klar, bald düster wild:
Wer Dich gemalt, er war an Kunst ein Riese
Gigantisch war der Stoff,
und nett gelangt das Bild!

Und vor Schillers Denkmal in Berlin fiel ihr ein:

Hast erhoben die Nation,
Großer deutscher Volkessohn,
Klein im Leben war dein Lohn –
Kleiner noch wirkt Gyps und Ton.

Allerdings nahm sie Goethe sein sittenloses Verhalten
übel. Er lebte mit seiner Christiane Vulpius lange in wilder Ehe zusammen, und daher übte sie auch ihm gegenüber unbestechliche Gerechtigkeit:

Auch Goethe war nicht unfehlbar,
Was auch die Goethe-Jünger meinen:
Was sich nicht schickt, schickt sich für keinen,
Für jeden das, was recht und wahr!

Und ebenso wie den *Faust* liebte sie den *Wallenstein* und
hob ihn auf den Olymp der Lächerlichkeit.

Oh Wallenstein, du eigner Held,
Bewundert viel, begeifert von der Welt,
Im Tode doch blüht dir ein Glück:
Von Schillers Hand das hübsche Stück!

Vor allem die Natur hat es ihr angetan. Das allgewaltige,
wogende Meer:

Woge rollt zum Meer,
Und so rollst du, rollst,
Ob, ob nicht du wollst,
Doch zum Ziele hehr!

Und dann kommt noch die Sonne dazu:

> Sonne niedertaucht
> In das blaue Meer,
> Ganz von Glut umhaucht.
> Anmut hat sie sehr!

Wo Sonne und Meer ist, da sind die Winde nicht weit. Und ein Hauch von Endlichkeit und Unendlichkeit beflügelt ihr Gedicht:

> Die Winde hauchen milde,
> So milde haucht der Wind,
> Im Wasserspiegelbilde
> Mein eigen Bild ich find.
>
> Doch stärker wehn die Winde
> Und härter wird ihr Hauch, –
> Das Wasserbild zerrinne –
> Zerrinne so ich auch?

Kurz: das Leben eine einzige Rinne.
Der Journalist und Autor Gerhart Herrmann Mostar, dem ich eine wunderbare Friederike-Kempner-Anthologie verdanke, hat in seinem Vorwort die Verwandtschaft ihrer Pointen mit denen des Witzes hervorgehoben:

> Ja, und dies haarscharfe Danebenhauen,
> dies Beinahe-richtig-Liegen, dies Beinahe-
> gut-Sein, dies Zerschmettern, aber dann
> der eigenen Wirkung im aller-allerletzten

Augenblick, in der aller-allerunerwartetsten
Weise – das ist es, das ist sie, Friederike.
Wie ein Witz nur dann gut ist, wenn die Vor-
geschichte logisch verläuft bis eine Sekunde
vor der Pointe, und wenn diese Pointe
dann die ganze lange Logik von vorher mit
einem Schlage ad absurdum führt – so sind
Friederikes Wirkungen gut, einmalig gut,
weil ihr Gefühl, ja, weil ihre Sprache echt und
wirksam ist bis zum letzten Augenblick, wo
es ihr dann passiert. Sie ist eine Dichterin der
unfreiwilligen Komik – deren gab es mehr.
Aber sie ist das Genie der unfreiwilligen
Komik. Und das gab es nur einmal.

Friederike Kempner hatte neben ihren hohen Gefühlen
mit ihrer Lyrik auch soziale Ziele. Sie hatte Angst vor dem
Lebendig-begraben-Werden und hat sich einen Sarg mit
einem besonderen Klingelsystem eingerichtet und in der
Familiengruft Klingelleitungen legen lassen. An Kaiser
Wilhelm I. schrieb sie deshalb immer wieder Petitionen
für die Errichtung von Beinhäusern, in denen die Ver-
storbenen sicher und gewiss zu Tode gekommen lagern
konnten. Das königliche Dekret schrieb nun eine Warte-
frist von fünf Tagen zwischen Tod und Beerdigung vor.
Diese Furcht, lebendig begraben zu werden, teilte die unfreiwillig Komische zum Beispiel mit dem großen Thea-
ter-Satiriker Nestroy. So wandte sie sich mit ihrer Vision
an eine künftige Generation von potenziell Schein-
toten:

Studenten, unsre Zukunft einst
Hängt ab von eurem Werden,
Ob's freund- und friedlich wird dereinst,
Ob's heimlich wird auf Erden.
Und eins noch hänget von euch ab:
Ob man lebendig muß ins Grab.

Und noch ein humanes Anliegen verfolgte sie mit unerbittlicher lyrischer Waffe: die Einzelzellenhaft. Auch hier hat sie sich trotz all ihrer holprigen Verse große Verdienste erworben.

Nun wollen wir aber zum Schluss noch auch an den großen Gedanken teilhaben, die sie lyrisch erhoben. Die einsam lebende alte Jungfer definierte den Menschen so:

Der Mensch
Wehmüthig,
Demüthig,
Viel verkannt und tief gebeugt
Ist der Mensch vom Weib erzeugt.

Das nennt man Jungfern-Zeugung oder auch neueste Gender-Philosophie. Und wie sie sich die Welt wünscht, macht sie in einem Segensspruch unter der Überschrift *Die nicht!* deutlich:

Gehabt euch wohl, Gott segne euch,
Euch all im Sonnenlicht,
Dich Vöglein, Röslein, Immergrün –
Doch Dornen und die Würmer nicht!

Manchmal zeigt die hehre Verseschmiedin auch Spuren von Einsicht, etwa wenn sie unter der Überschrift *Aufs Papier!* Folgendes dichtet:

Unnütz lyrisches Gesinge,
Unnütz lyrisches Geklinge,
Gehst Du mir nicht aus dem Sinn,
Schreib' ich auf's Papier Dich hin!

Und geradezu erhaben ihre Philosophie:

Arglos und harmlos
Durchs Leben hin,
Kommt mir das Böse
Nicht in den Sinn!

Arglos und harmlos
Glücklich ich bin –
Hör' ich das Böse,
Denk' ich nicht hin!

Und schwebte sie auch über den niederen Streit der Parteien hinweg, alles Niedrige unter sich lassend:

Parteilichkeit, Parteienhaß,
Das schaut so grün und wird so blaß –
Von Schlang' und Nesseln ein Gewühl!
Welch unnatürliches Gefühl!
Welch unnatürliches Gefühl!

O kurze Zeit, des Lebens Zeit
Noch kürzer durch Parteilichkeit
In Confession und Politik:
Parteienhaß hat keinen Schick!
Parteienhaß hat keinen Schick!

Und ganz zum Schluss eine Einsicht, die Sterne wie Staub umfasst.

Willst Du nach den Sternen fragen,
Werden sie Dir Antwort sagen?
Schönheit freilich ist es nicht,
Was nur aus dem Staube spricht.

Schön ist alles Gute, Biedre,
Während alles andre Niedre,
Häßlich, scheußlich ekel ist –
Denn es ist kein Duft im Mist!

15. FESTGEMAUERT
IN DER ERDEN

Friederike Kempner, wie gesagt, strebte Tonfall und Vers-
maß der Klassiker mit unerwiderter Liebe und Leidenschaft an. Dabei trugen Klassiker wie Goethe und Schiller
den Keim der unfreiwilligen Komik schon in sich, die die
Originalgedichte wie Bazillen in sich trugen. Das gilt vor
allem für Schillers *Lied von der Glocke* und die Balladen.
Schon zu Lebzeiten Schillers soll der Kreis der Romantiker in Jena (wo Schiller ja auch Professor war) sich vor
Lachen gebogen haben, wenn sie einander das *Lied von
der Glocke* vorlasen. Zweierlei verstörte die Romantiker-
Generation inhaltlich. Einmal waren die Romantiker, wie
man an Caroline Schlegel oder Bettina von Brentano sieht,
die erste Generation deutscher Dichter, die ein emanzi-
piertes Frauenbild mit sich trug. Und Schiller dichtete
von der Ehe über die Biedermeier-spießige Arbeitsteilung
der bürgerlichen Frau:

> Denn wo das Strenge mit dem Zarten,
> Wo Starkes sich und Mildes paarten,
> Da gibt es einen guten Klang.
> Drum prüfe, wer sich ewig bindet,

Ob sich das Herz zum Herzen findet!
Der Wahn ist kurz, die Reu ist lang.

Hier unterbreche ich das Zitat und füge das geläufigste
Wort meiner Jugend ein: »Drum prüfe, wer sich ewig bin-
det / Ob sich nicht noch was Bess'res findet.« Und nun
weiter mit Schiller:

Lieblich in der Bräute Locken
Spielt der jungfräuliche Kranz,
Wenn die hellen Kirchenglocken
Laden zu des Festes Glanz.
Ach! des Lebens schönste Feier   .
Endigt auch den Lebens-Mai,
Mit dem Gürtel, mit dem Schleier
Reißt der schöne Wahn entzwei.
Die Leidenschaft flieht,
Die Liebe muss bleiben,
Die Blume verblüht,
Die Frucht muß treiben.
Der Mann muß hinaus
Ins feindliche Leben,
Muss wirken und streben
Und pflanzen und schaffen,
Erlisten, erraffen,
Muß wetten und wagen,
Das Glück zu erjagen.
Da strömet herbei die unendliche Gabe,
Es füllt sich der Speicher mit köstlicher Habe,
Die Räume wachsen, es dehnt sich das Haus.
Und drinnen waltet

Die züchtige Hausfrau,
Die Mutter der Kinder,
Und herrschet weise
Im häuslichen Kreise,
Und lehret die Mädchen
Und wehret den Knaben,
Und reget ohn Ende
Die fleißigen Hände,
Und mehrt den Gewinn
Mit ordnendem Sinn,
Und füllet mit Schätzen die duftenden Laden,
Und dreht um die schnurrende Spindel den Faden,
Und sammelt im reinlich geglätteten Schrein
Die schimmernde Wolle, schneeigten Lein,
Und füget zum Guten den Glanz und den
Schimmer,
Und ruhet nimmer.
Und der Vater mit frohem Blick
Von des Hauses weitschauendem Giebel
Überzählet sein blühend Glück …

Kein Wunder, dass das den Romantikern auf die Nerven ging, deren Frauen allesamt das waren, was man damals spießig »Blaustrümpfe« nannte, und die sich, wie nicht zuletzt Caroline Schlegel beweist, auch in sexuellen Dingen frank und frei fühlten. Ein Zustand, nebenbei sei es bemerkt, den die Frauen nach den Rückschlägen der Kriege erst im 21. Jahrhundert wieder erreichten. Im Übrigen ist das geflügelte Wort »Und drinnen waltet die züchtige Hausfrau« alsbald verballhornt worden zu »Und drinnen züchtigt die gewaltige Hausfrau«.

Nach einem Unglücksfall, einem Großbrand, fährt der Ehemann mit Anblick seines niedergebrannten Hab und Guts fort:

> Einen Blick
> Nach dem Grabe
> Seiner Habe
> Sendet noch der Mensch zurück.
> …
> Ein süßer Trost ist ihm geblieben,
> Er zählt die Häupter seiner Lieben,
> Und sieh! Ihm fehlt kein teures Haupt.

Auch hier folgt die Parodie dem Reim auf dem Fuße:

> Er zählt die Häupter seiner Lieben
> Und sieh! Statt sechse waren's sieben.

Ebenso sehr wie über der Verbannung des Heimchens an den Herd ärgerten sich natürlich die Romantiker über Schillers Bruch mit der Französischen Revolution. Der wegen seiner *Räuber* 1792 zum Ehrenbürger der Republik Frankreich ernannte Schiller malte jetzt als fürsorglicher Haus- und Dichtervater die Schrecken der Revolution aus:

> Freiheit und Gleichheit! hört man schallen,
> Der ruhige Bürger greift zur Wehr,
> Die Straßen füllen sich, die Hallen,
> Und Würgerbanden ziehn umher,
> Da werden Weiber zu Hyänen

Und treiben mit Entsetzen Scherz,
Noch zuckend, mit des Panthers Zähnen,
Zerreißen sie des Feindes Herz.
Nichts Heiliges ist mehr, es lösen
Sich alle Bande frommer Scheu,
Der Gute räumt den Platz dem Bösen,
Und alle Laster walten frei.
Gefährlich ist's, den Leu zu wecken,
Verderblich ist des Tigers Zahn,
Jedoch der schrecklichste der Schrecken,
Das ist der Mensch in seinem Wahn.

So schrecklich wie dieses Gedicht tatsächlich in revolutionären Zeiten ist, auch hier hat sich in meinem Gedächtnis die dentistische Version durchgesetzt:

Gefährlich ist's, den Leu zu wecken,
Verderblich ist des Tigers Zahn,
Jedoch der schrecklichste der Schrecken
Ist ein hohl geword'ner Zahn.

Natürlich waren die Balladen Schillers und Goethes, die in aller Munde waren und die alle Tertianer, Sekundaner und Primaner auswendig lernen mussten, nicht nur ein Hauptlieferant für Büchmanns *Geflügelte Worte*, sondern auch von einer unabweislichen Paroditis befallen.
Manchmal musste man, um die Parodie deutlich zu machen, nicht einmal ein Wort ändern, sondern nur einen neuen Kontext stiften. Schopenhauer hat bekanntlich seine Witztheorie unter anderem auf Schillers *Bürgschaft* gestützt.

Zu Dionys, dem Tyrannen, schlich
Damon, den Dolch im Gewande;
Ihn schlugen die Häscher in Bande,
»Was wolltest du mit dem Dolche, sprich!«
Entgegnet ihm finster der Wüterich.
»Die Stadt vom Tyrannen befreien!«
»Das sollst du am Kreuze bereuen.«

»Ich bin«, spricht jener, »zu sterben bereit
Und bitte nicht um mein Leben,
Doch willst du Gnade mir geben,
Ich flehe dich um drei Tage Zeit,
Bis ich die Schwester dem Gatten gefreit,
Ich lasse den Freund dir als Bürgen,
Ihn magst du, entrinn ich, erwürgen.«

Da lächelt der König mit arger List
Und spricht nach kurzem Bedenken:
»Drei Tage will ich dir schenken;
Doch wisse, wenn sie verstrichen, die Frist,
Eh du zurück mir gegeben bist,
So muß er statt deiner erblassen,
Doch dir ist die Strafe erlassen.«

Es ist eine Ballade über Schillers höchstes Ideal, den Män-
nerbund der Freundschaft, die er noch himmelstürmend
im *Lied an die Freude* preist. Und über die größte, arglis-
tigste Versuchung, die dem Tyrannen in den Kopf kommt:
Er könnte, wenn der Freund für ihn bürgt, mit dem Leben davonkommen und in Freiheit weiterleben. Aber, wir
wissen es aus dem BGB, dass eine Bürgschaft etwas Eher-

nes ist, das man bezahlen muss. Bei Schiller auch mit idealer Münze. *Die Bürgschaft* ist das hohe Lied der Tugend der Männerfreundschaft, so wie Goethe und Schiller Hand in Hand in Weimar vor dem Theater stehen. Und die Wirkung, die das Gedicht auf den Tyrannen ausübt, ist unerhört. Er ist, als der Freund trotz aller Gefahren und Bedrohungen buchstäblich in letzter Minute zurückkommt, gerührt, so sehr in seinem Menschentum bewegt, dass er sich durch das humane Beispiel selbst verwandelt:

Und die Sonne geht unter, da steht er am Tor
Und sieht das Kreuz schon erhöhet,
Das die Menge gaffend umstehet;
An dem Seile schon zieht man den Freund empor,
Da zertrennt er gewaltig den dichten Chor:
»Mich, Henker«, ruft er, »erwürget!
Da bin ich, für den er gebürget!«

Und Erstaunen ergreifet das Volk umher,
In den Armen liegen sich beide
Und weinen für Schmerzen und Freude.
Da sieht man kein Augen tränenleer,
Und zum Könige bringt man die Wundermär,
Der fühlt ein menschliches Rühren,
Läßt schnell vor den Thron sie führen,

Und blicket sie lange verwundert an.
Drauf spricht er: »Es ist euch gelungen,
Ihr habt das Herz mir bezwungen,
Und die Treue, sie ist doch kein leerer Wahn,
So nehmet auch mich zum Genossen an,

Ich sei, gewährt mir die Bitte,
In eurem Bunde der Dritte!«

Ein gewaltiges Panorama, das mit einem geflügelten Wort
endet: »Ich sei, gewährt mir die Bitte, / In eurem Bunde
der Dritte.« Schopenhauer hat ganz genau erkannt und
definiert, dass der Witz wie auch die Parodie das Hehre
in den Dreck des Irdischen tritt. Aus dem Ideal wird
Triebbefriedigung, aus Don Quichote Sancho Pansa. Und
so erzählt Schopenhauer für seine Witzphilosophie die
Geschichte folgendermaßen: Zwei Professoren buhlen
um die Gunst und um die Liebe einer schönen jungen
Dame, einer Studentin. Und natürlich kann sie nur einen
heiraten. Worauf der andere nach einer gewissen Scham-
frist sagt: »Ich sei, gewährt mir die Bitte, in eurem Bunde
der Dritte.« Als ich das zum ersten Mal las, wollte der
Zufall, dass im damals hochmoralisch katholischen Bayern der Herausgeber der *Passauer Nachrichten* in einen
Sexualskandal verwickelt wurde und daraufhin die Her-
ausgeberschaft seiner Zeitung abgeben musste. Er hatte
Schillers Bitte auch ins Bett verlegt, und wir Kinder der
Fünfzigerjahre lasen damals mit Schaudern, dass dergleichen eine »Triole« genannt wurde.

16. DER MOND IST
AUFGEGANGEN

Gesungen habe ich das *Abendlied* von Matthias Claudius gewiss schon als Kind. Und damit hat sich gleich ein Schleier von Weihnachtsschmalz (große Kinderaugen vor Kerzen) um das *Abendlied* gelegt. Als Gedicht gehört habe ich es zuerst vorgetragen von meinem Lehrer und Doktorvater Friedrich Beißner im Wintersemester 1952, als er seine Vorlesungsreihe *Deutsches Gedicht in drei Jahrhunderten* mit der Zeile »Der Mond ist aufgegangen« begann. Die Gedichtinterpretationen führten von der Barocklyrik in kunstvollen Alexandrinern, barocken Volksliedern wie *Ännchen von Tharau* über Klopstock, Goethe, Schiller und Hölderlin bis zu Rilke und Gottfried Benn. Es waren so elaborierte, antiken, klassischen Formen nachempfundene Gedichte dabei wie Hölderlins *Elegien* und späte Hymnen, aber natürlich auch auf den Spuren Goethes der Volksliedton vom Knaben und dem Röslein.

Vom Gefühl her wusste ich schon vorher und ohne die Vorlesung, dass die deutsche Sprache, die sich doch für viele so ruppig anhört (Kaiser Karl V. hat gesagt, Deutsch gebrauche er nur, wenn er mit seinen Pferden spreche),

im deutschen Gedicht und im deutschen Lied eine einmalige Kraft, Schönheit und Anmut erreicht, was den
deutschen Satiriker Carl Sternheim in seiner Bürgersatire
Bürger Schippel zu dem Schlachtruf der Bürger ermun-
terte: »Das deutsche Lied der Anarchie entgegen!«
Wir denken beim deutschen Lied an den *Brunnen vor
dem Tore* und stellen mit ihm die Frage: »Wer hat dich, du
schöner Wald, aufgebaut so hoch da droben?«
Doch zurück zu Claudius, zurück zum *Abendlied*:

> Der Mond ist aufgegangen,
> Die goldnen Sternlein prangen
> Am Himmel hell und klar.
> Der Wald steht schwarz und schweiget,
> Und aus den Wiesen steiget
> Der weiße Nebel wunderbar.

> Wie ist die Welt so stille,
> Und in der Dämmrung Hülle
> So traulich und so hold
> Als eine stille Kammer,
> Wo ihr des Tages Jammer
> Verschlafen und vergessen sollt.

> Seht ihr den Mond dort stehen?
> Er ist nur halb zu sehen
> und ist doch rund und schön!
> So sind wohl manche Sachen,
> Die wir getrost belachen,
> Weil unsre Augen sie nicht sehn.

Wir stolze Menschenkinder
Sind eitel arme Sünder
Und wissen gar nicht viel!
Wir spinnen Luftgespinste
Und suchen viele Künste
und kommen weiter von dem Ziel.

Gott, laß dein Heil uns schauen,
Auf nichts Vergänglichs trauen,
nicht Eitelkeit uns freun!
Laß uns einfältig werden
Und vor dir hier auf Erden
Wie Kinder fromm und fröhlich sein.

Wollst endlich sonder Grämen
Aus dieser Welt uns nehmen
Durch einen sanften Tod!
Und wenn du uns genommen,
Laß uns in Himmel kommen,
Su unser Herr und unser Gott!

So legt euch denn, ihr Brüder,
In Gottes Namen nieder;
Kalt ist der Abendhauch.
Verschon uns, Gott! mit Strafen,
Und laß uns ruhig schlafen.
Und unsern kranken Nachbar auch!

Von diesem Wunderwerk aus Kunst und Schlichtheit, aus
Gefühl und humanitärer Vernunft gibt es über siebzig
Vertonungen und wahrscheinlich Hunderte von Parodien.

Da das Gedicht keine falsche Silbe, keinen falschen Zungenschlag enthält, da es privat und weltumspannend zugleich geborgen sein lässt in der Ungeborgenheit der Nacht, ist es nicht der Inhalt, der nach Parodie schreit. Dennoch möchte ich hier eine Parodie, die ich 2012 in der *Zeit* gefunden habe, einfügen. Ein gewisser »Sterzinger« aus Wien hat sie verfasst:

Die Gäste sind gegangen,
Die Zimmer rauchverhangen,
Im Kopf ist's nicht sehr klar;
Das Haus steht leer und schweiget,
Und aus dem Innern steiget
Der Knoblauchdunst so sonderbar.

Seht ihr den Mond dort stehen?
Ich kann ihn doppelt sehen,
Ist das nicht wunderschön?
So geht's beim langen Zechen,
Wenn wir die Leber schwächen
Und allzu laut nach Hause gehen.

Die Welt ist gar nicht stille,
Geschirr steht da in Fülle,
Nix traulich und nix hold.
Schleppt euch in eure Kammer,
Wo ihr den Katzenjammer
Verschlafen und verscheuchen sollt.

Kommt bitte, liebe Brüder,
Nicht morgen gleich schon wieder,
Die Flaschen sind ja leer.
Verschont das Haus mit Saufen,
Ihr gottverfressner Haufen;
Doch schön war's wieder einmal sehr.

Das fromme Lied des Dichters und Herausgebers des *Wandsbeker Boten* Matthias Claudius (1740–1815) bekommt, was Wunder!, in der Parodie im 21. Jahrhundert keine neue Form, sondern nur ein neues Personal und eine neue Stimmung. Sind die Menschen bei Claudius noch stumm und allein in ihre Schlafkammer gegangen, nachdem sie die Außenwelt betrachtet und in sich aufgenommen haben, die Erde wie den Wald wie den Himmel mit Mond und Sternen, so hat der heutige Parodist sich und uns klargemacht, wie wir uns gegen die Panik der Nacht wehren und wappnen – »Wir«, um es mit einem Volkslied zu sagen, »versaufen unser Oma ihr klein Häuschen.« Trotzdem rettet die Parodie, und das macht sie so schön, ein wenig von dem brüderlichen Vertrauen noch in die Runde der Zecher, die ihren Rausch ausschlafen und verkatert aufwachen. Gott sei Dank taumeln sie noch nicht mit Helene Fischer atemlos durch die Nacht.

Übrigens, schon in der ersten Strophe hat sich im Laufe des häufigen Gebrauchs von Matthias Claudius' *Abendlied* ein Hörfehler eingeschliffen. So wie Kinder bei *Oh Tannenbaum* »Du grinst nicht nur zur Sommerzeit« singen und ich im Weihnachtslied, da ich als Kind noch nicht wusste, was rötlich ist, von den »rötlichen Hirten« sang, so hat Axel Hacke eine politisch nicht ganz korrekte

Zeile von Claudius zu Gehör bekommen: Statt des »weißen Nebels wunderbar« den »weißen Neger Wumbaba«. So jedenfalls hat er einen ganzen Glossenband mit einem politisch nicht korrekten Oxymoron benannt.

Die Parodie von Sterzinger ist also ein Gegenbild zu einem historischen Bild. Und sie bedient auch die alte, eiserne Grundregel des Witzes, dass sie das Erhabene ins Lächerliche und Niedrige hinunterzieht. Es war Goethe, der über Schiller zu dessen Tod schrieb und damit dessen »ständige Reduktion des Beschränkten aufs Unendliche« noch einmal definierte: »Und hinter ihm, im wesenlosen Scheine lag, was uns alle bändigt, das Gemeine.«

Der Witz, der Humor, entfesselt das Gemeine wieder, so kann man es sagen. Und so ist auch die Parodie die Kehrseite der Medaille. Sie findet das Erhabene hochtrabend und zieht daher runter in den irdischen Dreck, was hoch zu Ross daherkommt. Er tut also das, was alle komischen Figuren machen, auch *Der brave Soldat Schwejk* bei Hašek mit dem Militärdienst. Polgar hat über diese Schwejk-Methode geschrieben: »Hašek wusste, wozu Gott das Eisen wachsen ließ, aber er wusste auch, wo das Korn wächst, in das man die Flinte werfen kann.«

2004 suchte jemand im Internet nach Variationen und Parodien auf das Abendlied, dort fand er eine Parodie von Peter Rühmkorf, den wir ja mit Recht als einen legitimen Nachfolger von Matthias Claudius, einen Spätling des *Abendlied*-Dichters nennen können:

Der Mond ist aufgegangen.
Ich, zwischen Hoff- und Hangen,
rühr an den Himmel nicht.

Was Jagen oder Yoga?
Ich zieh die Tintentoga
des Abends vor mein Angesicht.

Die Sterne rücken dichter,
nachtschaffenes Gelichter,
wie's in die Wette äfft –
So will ich sing- und gleißen
und Narr vor allen heißen,
eh mir der Herr die Zunge refft.

Laßt mir den Mond dort stehen.
Was lüstet es Antäen
und regt das Flügelklein?
Ich habe gute Weile,
der Platz auf meinem Seile
wird immer uneinnehmbar sein.

Da wär ich und da stünd ich,
barnäsig, flammenmündig
auf Säkels Widerrist.
Bis daß ich niederstürze
in Gäas grüne Schürze
wie mir der Arsch gewachsen ist.

Herr, laß mich dein Reich scheuen!
Wer salzt mir dort den Maien?
Wer sämt die Freuden an?
Wer rückt mein Luderbette
an vorgewärmte Stätte,
da ich in Frieden scheitern kann?

Oh Himmel, unberufen,
wenn Mond auf goldenem Hufe
über die Erde springt –
Was Hunde hochgetrieben?
So legt euch denn, ihr Lieben
und schürt, was euch ein Feuer dünkt.

Wollt endlich, sonder Sträuben,
still linkskant liegen bleiben,
wo euch kein Scherz mehr trifft.
Müde des oft Gesehnen,
gönnt euch ein reines Gähnen
und nehmt getrost vom Abendgift.

Und er fand auch ein *Lied des Astronauten* des Kabarettisten Dieter Höss:

Der Mond ist eingefangen,
von Sonden schon begangen,
von Fotos wohlvertraut.
Das All steht schwarz und schweiget,
doch aus Raketen steiget
schon hie und da ein Astronaut.

Noch ist der Kosmos stille
und in der Kapsel Hülle
so traulich und so hold
als wie ein leeres Zimmer,
das nur der Sterne Schimmer
erreichen und erhellen sollt.

Wenn wir darein nun treten,
was nützet unser Beten,
daß es so traulich blieb?
Da wir doch weiterfahren,
herrscht hier in ein paar Jahren
bestimmt der schlimmste Hochbetrieb.

Wir tollen Menschenkinder
sind mächtige Erfinder
und machen nirgends halt.
Wir holen uns die Sterne,
selbst Venus, die noch ferne,
und wenn es sein muß, mit Gewalt.

Wie bist du, Welt, von weitem
so still. Von deinem Streiten
spürt man hier keinen Hauch.
Herr, schütze mein Reisen
und laß mich ruhig kreisen –
und meinen toten Nachbarn auch.

Dieter Hildebrandt hat das *Abendlied* schließlich 1985 in
der »Langen Kohl-Nacht« im Stile des damaligen Bun-
deskanzlers Helmut Kohl parodiert:

Der Mond,
meine Damen und Herren, und das möchte
ich hier in aller Offenheit sagen,
ist aufgegangen!
Und niemand von Ihnen, liebe Freunde, meine
Damen und

Herren, wird mich daran hindern, hier in aller
Entschlossenheit festzustellen:
Die goldnen Sternlein prangen
und wenn Sie mich fragen, meine Freunde, wo,
dann sage ich es Ihnen:
am Himmel!
Und zwar, und das sei hier in aller Eindeutigkeit gesagt, so, wie meine Freunde und ich uns
immer zu allen Problemen geäußert haben:
hell und klar.
Und ich scheue mich auch nicht, hier an dieser
Stelle ganz
konkret zu behaupten:
Der Wald steht schwarz und …
lassen Sie mich das hinzufügen
und schweiget.
Und hier sind wir doch alle aufgerufen – gemeinsam –, die uns alle tief bewegende Frage
an uns gemeinsam zu richten: Wie geht es
denn weiter? Und ich habe den Mut und die
tiefe Bereitschaft und die Entschlossenheit,
hier in aller Freimut und aller Entschiedenheit
zu bekennen, dass ich es weiß! Nämlich:
Und aus den Wiesen steiget
das, was meine Reden immer ausgezeichnet
hat:
der weiße Nebel wunderbar.

Übrigens war es Helmut Kohl, der sich im Interview mit
Walter Kempowski parodistisch als Bildungsbürger outete
mit dem unsterblichen Satz: »In Hölderlin war ich gut.«

Heinz Erhardt war ein begnadeter Parodist. Er hat, frei nach Schiller, dessen *Taucher* parodiert, Sie erinnern sich?

>»Wer wagt es, Rittersmann oder Knapp,
Zu tauchen in diesen Schlund?
Einen goldnen Becher werf ich hinab,
Verschlungen schon hat ihn der schwarze Mund.«

Bei Erhardt heißt das Gedicht *Der Tauchenichts*:

>»Wer wagt es, Knappersmann oder Ritt,
zu schlunden in diesen Tauch?
Einen güldenen Becher habe ich mit,
den werf ich jetzt in des Meeres Bauch!
Wer ihn mir bringt, ihr Mannen und Knaben,
der soll meine Tochter zum Weibe haben!«

>Der Becher flog.
Der Strudel zog
ihn hinab ins gräuliche Tief.
Die Männer schauten,
weil sie sich grauten,
weg. – Und abermals der König rief:

>»Wer wagt es, Knippersmann oder Ratt,
zu schlauchen in diesen Tund?
Wer's wagt – das erklär ich an Eides statt –
darf küssen mein's Töchterleins Mund!
Darf heiraten sie. Darf mein Land verwalten!
Und auch den Becher darf er behalten!«

Da schlichen die Mannen
und Knappen von dannen.
Bald waren sie alle verschwunden – – –
Sie wussten verlässlich:
die Tochter ist grässlich! –
Der Becher liegt heute noch unten …

Und auch Goethes *Erlkönig* hat er unverdrossen parodiert, der bekanntermaßen im Original wie folgt beginnt:

Wer reitet so spät durch Nacht und Wind?
Es ist der Vater mit seinem Kind;
Er hat den Knaben wohl in dem Arm,
Er faßt ihn sicher, er hält ihn warm.

Bei Erhardt heißt er der *König Erl*, und das Gedicht geht bei ihm so:

Wer reitet so spät durch Wind und Nacht?
Es ist der Vater. Es ist gleich acht.
Im Arm den Knaben er wohl hält,
er hält ihn warm, denn er ist erkält'.
Halb drei, halb fünf. Es wird schon hell.
Noch immer reitet der Vater schnell.
Erreicht den Hof mit Müh und Not –
Der Knabe lebt, das Pferd ist tot!

Ich selbst habe an einem Erhardt-Abend eine Variante erlebt, die so ging:

Wer reitet so spät durch Wind und Nacht?
Es ist der Vater, es ist gleich acht.
Das Kind so spät aus dem Bett zu lotsen,
Das ist doch zum Kotzen.

17. ZOTE ODER ZÖTCHEN?

In den Fünfzigerjahren, in denen ich das Glück hatte, volljährig zu werden, und das Unglück, die Pubertät zu erleben (man kann sich seine Zeit nicht aussuchen, ich bin schon froh, dass es in Europa keinen heißen Krieg neben dem Kalten Krieg gab), kursierte die folgende Erklärung für eine Zote:

> Ein junges Mädchen hat Wäsche gewaschen und die Teile zum Trocknen an die Leine gehängt. Es war die Zeit, als Henkel noch mit dem Weißen Riesen mit blütenweißer Wäsche an langer Leine über grüner Wiese Werbung machte. Das Mädchen war das, was man damals unbedingt einen Backfisch nannte (»Mit vierzehn Jahr und sieben Wochen ist der Backfisch ausgekrochen«), sie hängte ihre Höschen und Hemdchen und Unterröckchen an eine große Leine im Garten. Als die Wäsche fast trocken ist, ist es windig, und so weht es ein Höschen auf einen Baum und ein Hemdchen auf den Boden. Und da hebt sie das Hemdchen hoch und zieht das Höschen runter.

Inklusive des Diminutivs und dem leicht dreckigen Grinsen wurde einem diese Geschichte erzählt und dann erklärt, das sei eine Zote: »Höschen runter, Hemdchen hoch.« Sagte man »Zötchen«, oder bilde ich mir das nur ein? Es war die gleiche Zeit, in der ich von jungen Frauen, die von Männern angegrabscht wurden, den Satz hörte: »Das Berühren der Figuren mit den Pfoten ist verboten!« Auch die Aufforderung »Lass deine dreckigen Finger weg!« musste also humorig ausgedrückt werden, mit Reimen, die die Männer nicht zu sehr verärgerten.

Machen wir einen Zeitsprung vom »Zötchen« und »Höschen« in die Gegenwart. Dieser Tage, im Dezember 2014 hat mir eine junge, ehrgeizige, beruflich sehr effiziente junge Frau, die zwei kleine Kinder hat, den folgenden Witz erzählt, weil sie weiß, dass ich auf Witze a) beruflich scharf bin und b) ein alter Herr.

> Nach einer heftigen und stürmischen Nacht
> bei der (auch) viel Alkohol geflossen ist, wacht
> ein Mann auf, umgeben wahrscheinlich von
> einem Wäsche- und Menschenknäuel, sucht
> einen Spiegel und schaut sich im Bad die Auf-
> regungen der letzten Nacht an. Er sieht, dass
> ihm ein Faden aus dem Mund hängt, und sagt
> halblaut in sein Spiegelbild: »Lieber Gott, lass
> es ein Teebeutel sein!«

Nebenbei: Der Witz hat einen ihm verwandten Schotten-witz, wo es nicht um überlebte Gier, sondern erlebten Geiz geht.

Ein Schotte bekommt nach fünfzigjähriger Betriebszugehörigkeit, weil wir in Schottland sind, keine goldene Uhr, sondern einen fünfzig Jahre alten Scotch in einer schönen Kristallflasche. Es ist Winter, er geht mit der Flasche über eine vereiste Straße nach Hause und stürzt zu Boden. Er merkt, dass an seinem Oberschenkel etwas Flüssiges austritt, und er sagt: »Lieber Gott, lass es Blut sein!«

Zurück zum Teebeutel. Ist das eine Zote? Eigentlich nicht, weil sie nichts ausspricht. Aber ein zotiger, versauter Witz ist es auf jeden Fall, und wichtig ist, dass ihn mir eine moderne junge Frau erzählt hat, nicht ich, ein *dirty old man*, ihr. Und dass sie sich gefreut hat, dass ich mich über diesen Witz gar nicht einkriegen konnte vor Lachen.

Einen Tag nach dem Witz habe ich ein Interview mit der hübschen jungen Comedienne Carolin Kebekus gehört. Auf die Frage des *Stern*: »Frauen mögen Sie, weil Sie Tabuthemen originell aufbereiten. Das Thema ›Damenbinden‹ kommt bei Ihnen ausgiebig in Ihrer Show vor, und die Frauen rasten vor Begeisterung aus. Warum?«, lautete die Antwort von Frau Kebekus: »Weil sie es alle kennen. Alles, was ich sage, hat jede Frau schon einmal erlebt.« Das heißt, hinter der »Damenbinde«, dem »Tampon am Faden« verbirgt sich eines der urältesten frauenfeindlichen Tabus, nämlich dass die Frau während der Regel unrein ist und man sie keinesfalls begehren darf. Diese Tabus hängen wie das Onanie-Tabu, das Onanie-Witze produziert, damit zusammen, dass die Menschheit auf eine stammesgerechte Vermehrung im Überlebenskampf aus war und alles, was der im Wege stand, mit einem drakonischen Ekel- und Verbots-Tabu belegte.

Was der Vater der Psychoanalyse und der psychoanalytischen Sex-Theorie gesagt hat, schrieb Sigmund Freud um 1900. Um die Jahrhundertwende hatte Freud sich der Psychopathologie des Alltagslebens, der Traumdeutung und der sexuellen Bestimmung des Witzes zugewandt.

Gut fünfzig Jahre später, genauer 1952, sind mir als Student die Schriften Freuds zwischen die Finger gekommen. Es war damals ferkelig, sich überhaupt für Freud zu interessieren. »Bei dem dreht sich doch alles nur um Sex«, sagten gefestigte Erwachsene gern. Ich gebe zu, dass sich damals in meinem Kopf, ich war gerade zwanzig, alles um Sex drehte. Erstens, weil ich de facto keinen hatte, zweitens, weil man darüber eigentlich nicht sprechen oder witzeln konnte, war Freud eine Art Selbsthilfetherapie. Über den Umweg über Freud konnte ich im puritanischen Tübingen über Sex nachdenken und reden.

Doch bevor ich in das Jahr 1900 zurückgehe, gesehen durch die Brille eines Heranwachsenden von 1950, und mich anschicke, über meine zotigen Erfahrungen zu berichten, möchte ich eine Definition der Zote herbeischleppen. Laut Kluges *Etymologischem Wörterbuch* ist die »Herkunft« des Wortes Zote »nicht völlig klar«. Es scheint vom französischen *Sot(t)ie*, unflätige Narretei, auszugehen, erinnert also an das Wort *Sottise*, und sekundär kommt es wohl von »Zotten« im Sinn von Schamhaaren. Zottelig stellte man sich die vor, und erst das hygienische Zeitalter hat sie schließlich wegrasiert, ohne die Zote damit auch mit auszuradieren. Freud beschreibt die Zote als eine Art »sexuelle Aggression«.

Damals, um 1900, wo der Mann eigentlich noch der Jäger war und die Frau die Gejagte, war die Zote eine Ersatzhandlung, um zum Ziel der Triebbefriedigung zu kommen oder um sie gar einzuleiten:

Das Sexuelle, welches den Inhalt der Zote bildet, umfasst mehr als das bei beiden Geschlechtern Besondere, nämlich noch überdies das beiden Geschlechtern Gemeinsame, auf das die Scham sich erstreckt. Dies ist aber der Umfang, den das Sexuelle im Kinderalter hat, wo für die Vorstellung gleichsam eine Kloake existiert, innerhalb deren Sexuelles und Exkrementelles schlecht oder gar nicht gesondert werden.

Übrigens ist diese Sonderung eine der hervorstechenden Eigenschaften der modernen Hygiene. Freud fährt fort:

Überall im Gedankenbereich der Neurosen-Psychologie schließt das Sexuelle noch das Exkrementelle ein, wird es im alten infantilen Sinn verstanden. Die Neigung, das Geschlecht besonders entblößt zu schauen, ist eine der ursprünglichen Komponenten unserer Libido. Sie ist selbst vielleicht bereits eine Ersetzung, geht auf eine als primär zu supponierende Lust, das Sexuelle zu berühren, zurück. Wie so häufig, hat das Schauen das Tasten hier abgelöst.

Man kann Freud ergänzen, ohne ihm zu nahe zu treten: »Und der Witz ersetzt das Schauen.«

Das »Weib«, wie Freud die Frau um 1900 nennt – man sieht die ganze junonische Fülle in körperlicher Verhüllung und raffinierter Entblößung auf den Gemälden des Fin de Siècle vor sich. Durch den Witz möchte der Mann die Frau zumindest gedanklich ausziehen, überwältigen, zur Sexualität führen.

Der Zotenerzähler braucht dazu Hilfe. Es ist die Hilfe eines zweiten Mannes, den er im Gelächter zu seinem Verbündeten macht:

> Wenn sich dann ein Mann in Männergesellschaft mit dem Erzählen oder Anhören von Zoten vergnügt, so ist die ursprüngliche Situation, die infolge sozialer Hemmnisse nicht verwirklicht werden kann, dabei nur vorgestellt. Wer über die gehörte Zote lacht, lacht wie ein Zuschauer bei einer sexuellen Aggression.

Von der Vorstellung, die sexuelle Überwältigung der willenlos gemachten Frau als Vergnügen zu erleben, sind wir eigentlich weit entfernt. Doch kann man von der Renaissancekunst an diese aggressive Komponente in dem immer wiederkehrenden Motiv des *Raubs der Sabinerinnen* in allen großen Galerien der Welt bewundern.

Nota bene: Noch in den Jahren 1945 und 1946 erinnere ich mich an den grässlichen Männerscherz zu soldatischen Vergewaltigungen, dass sie »Verwohltätigungen« genannt wurden. Es gab damals den scheußlichen Witz von dem alten Mütterchen, das zur Kommandantur kommt und ganz sehnsüchtig den russischen Kommandeur fragt: »Entschuldigung, wird heute nicht vergewaltigt?«

Harmloser, da wohl noch die Erkenntnis mitschwingt, dass beim weiblichen Begehren tatsächlich eine Überwältigungsfantasie durch den Mann mit Zustimmung eine Rolle spielt, zeigt es eine Karikatur aus den Vierzigerjahren. Da läuft die Henne dem Hahn davon und hat an ihrem Kopf die Wortblase: »Hoffentlich laufe ich nicht allzu schnell.«

Freud übrigens führt an, dass es im Verbergen auch ein Aufreizen gibt und dass der weibliche Exhibitionismus sich im Verrücken der Röcke, im Hochdrücken der Büste offenbart. Schaut man sich mittelalterliche Militärbilder an, dann wird das männliche Genital ebenso protzig wie ein hochgebundener Busen vom Manne repräsentiert.

Nun mag man sagen: »Mein Gott, ist das veraltet und lange her.« Vom »Weib« sprechen nur noch Operntexte und gern nachgeplapperte Nietzsche-Zitate. Immer wieder wird beispielsweise zitiert »Du gehst zum Weibe? Vergiss die Peitsche nicht!« aus dem *Zarathustra*. Nietzsche selbst allerdings ließ sich mit seinem Freund und Professorenkollegen mit der von ihm vergeblich angebeteten Lou Andreas-Salomé »zum Scherz« als Zugtiere vor einer Kutsche fotografieren, auf der die hochgeschnürte Andreas-Salomé die Peitsche über die beiden Männer schwang. Allerdings erinnerte der Shitstorm um Brüderle sehr wohl daran, wie sehr sich Frauen durch scheinbar aufmunternde und bewundernde, in Wahrheit aber aggressive Zurufe zu Recht missbraucht vorkommen. Zur Erinnerung: Brüderle soll zur späten Stunde in bierseliger

Runde zu der *Stern*-Reporterin Laura Himmelreich Folgendes gesagt haben. Ah, sie komme aus München? »Sie können ein Dirndl auch ausfüllen.«

Vierzig Jahre vorher erzählt Tucholsky den folgenden Witz, den ich hier noch einmal zitieren darf:

> Der russische Großfürst trifft zufällig im Zugkompartment als Vis-à-vis eine elegante Dame. Er beginnt eine Konversation: »Fahren Gnädigste auch nach Petersburg?«
> »Nein, nach Moskau.«
> »Kommen Gnädigste auch aus Berlin?«
> »Nein, aus Dresden.«
> Darauf er: »Genug geflirtet. Zieh dich aus, du Sau!«

Carolin Kebekus, die unter anderem Helene Fischer mit ihrem *Atemlos durch die Nacht* hinreißend parodiert, ist auf den heutigen Stand der Sexismusdebatte angesprochen worden. Auf die Frage »Sind Sie Feministin?« antwortet sie: »Das Wort klingt so ungebumst. Ich sage, was ich zu sagen habe, Schubladen brauche ich nicht.« Frage *Stern*: » Sie sagen: ›Natürlich tragen wir Frauen auch gern tief ausgeschnittene Sachen.‹« Die Antwort: »Genau. Aber das Dekolleté ist für Leute wie Brad Pitt. Typen wie Brüderle sind nur Beifang.« Das deckt sich genau mit dem Witz, den ich in der Jauch-Debatte zu Brüderle dafür anführte, dass die Frauen entscheiden, wodurch sie sich provoziert und beleidigt fühlen und wodurch nicht. Ich hatte da den Uralt-Witz erzählt:

Im Kino wird es dunkel. Auf einmal hört man
eine weibliche Stimme: »Nehmen Sie sofort
Ihre Hand da weg.«
Pause.
»Nicht Sie! Nicht Sie!«

Auch den kann man hierarchisch erzählen, mit dem lateinischen Sprichwort »*Quod licet Jovi! Non licet bovi!*« –
Was Zeus erlaubt ist, ist dem Ochsen nicht erlaubt.
Goethe, der zu dem Thema das Drama von *Tasso* geschrieben hat, hat da den Widerspruch aufgestellt: »Erlaubt ist, was sich schickt, und erlaubt ist, was gefällt.«
Und er hat auch gefordert: »Und willst du erfahren, was
sich schickt, so frage bei schönen Frauen an.« Sicher
hoffte er dabei auf die Antwort: »Nicht Sie! Nicht Sie!«
Im *Faust* umwirbt der Held das Gretchen mit höfischer
Courtoisie, »Mein schönes Fräulein, darf ich wagen /
Meinen Arm und Geleit Ihr anzutragen?«, und Gretchen
antwortet: »Bin weder Fräulein noch schön / Kann unbe-
gleitet nach Hause geh'n.«
Nachdem Goethe den Faust Gretchen nach allen Regeln
der Kunst, inklusive Religionsgespräch, verführen lässt,
erholt er sich von dieser »Anstrengung« auf dem Blocks-
berg mit dem Hexensabbat, wo nur noch *four letter words*
ausgetauscht werden, die in der *Faust*-Ausgabe mit
Pünktchen angedeutet werden: »Es f...t die Hexe, es st...t
der Bock.« Zoten gehören zum Geschäft.
Die Zote ist daneben auch noch die Begleiterin der pubertären Nöte. Sie resultiert aus dem Noch-nicht des
Heranwachsenden.
Beispiel dafür ist der Student, der in seiner Mansarde mit

einem Glas Sprudel in der einen Hand und seinem Glied in der anderen Hand ausruft: »Was für ein Leben! Champagner und Weiber.« Oder auch die geschmacklose Protzerei des Studenten, der nach durchzechter Nacht entweder in Heidelberg oder in Tübingen in den Neckar pisst und sagt, nachdem ihm eine entrüstete alte Dame gesagt hat: »Das ist aber ein starkes Stück!« – »Und über die Länge sagen Sie gar nichts?«

Das ist die Jugendzote. Die Alterszote kennt viele Viagra-Witze (»Pst, die Kinder schlafen!«). Oder die Wehmuts-Zote der beiden Alten, die auf der Bank sitzen:

>»Was hast du lieber: Weihnachten oder Geschlechtsverkehr?«
>»Weihnachten.«
>»Warum?
>»Das ist öfter.«

Wie gesagt: die Zote pendelt zwischen Jugend (»noch nicht«) und Alter (»nicht mehr«).

Was man »noch nicht« oder »nicht mehr« hat, das drängt sich als Trieberfüllungs- oder Trieberinnerungsschub unabweislich aus dem unbewussten Dunklen ans Tageslicht – und sei es auch nur in Witzform. Günter Grass hat, als er sich an seine Zeit in amerikanischer Gefangenschaft erinnerte (und wohlweislich noch nicht an die Waffen-SS-Zeit), geschildert, wie sie die Hungersnöte durch imaginäre Ess-Kurse und ausgemalte Fress-Rezepte zu kompensieren suchten. Ich erinnere mich, wie ich 1946 im Erzgebirge in der Schule – wir waren alle unterernährt, wenn auch nicht lebensgefährlich – Kalorientabellen mit farbigen Kohlenhydraten (rot), Eiweiß (grün) und Fett (gelb) an die Tafel malte. Alles, was wir nur noch vom Hörensagen kannten, malten wir gierig unter des Lehrers Anweisung an die Tafel. Gänseleber, Schweinenierchen, Kalbskoteletts. Im Kino, in dem damals herumziehende Komiker auftraten und sich, ich zögere fast, es so zu nennen, ihr tägliches Brot verdienten, trat in einer Nachmittagsvorstellung ein sächsischer Spaßmacher auf, der das Wort »Butterbemme« aussprach, grunzende Geräusche dazu machte, mit den Lippen schmatzte, und wir alle, die wir wie er Hunger hatten, lachten fürchterlich darüber. »Butterbemme«, ein Riesenlacher.

Etwas Ähnliches passierte, als ich einmal meinen damals vierjährigen Sohn nach dem Kindergarten mit Freunden im Zimmer überraschte und als Ohrenzeuge einen ungewollten Lauschangriff vollführte. Die drei oder vier Kinder, ich glaube, alles Jungs, sagten gerade das Wort »Kackiwurst«, und dann brach ein herzliches, befreiendes Gelächter aus. Auch hier brach sich das Unterdrückte und daher Vermisste wie etwas Entbehrtes Bahn.

Wie gesagt: Deshalb galt Freuds Theorie, die vor allem auf die unterdrückte Libido im Witz anspielte, als *over-sexed*. Einer der damals weitverbreiteten Psychiaterwitze machte das ganz deutlich:

Da malte der Psychiater vor dem Patienten ein Dreieck an die Tafel und fragte: »Woran denken Sie?«
Der Patient antwortete: »An Sex.« (In meiner kindlichen Version sagte er nicht »an Sex«, sondern »ans Vögeln«.)

Dann malte der Psychiater einen Kreis, gleiche
Frage: »Woran denken Sie?«
Gleiche Antwort: »Sex« bzw. »Vögeln«.
Dann einen Strich, und wieder das gleiche
Resultat.
Darauf der Psychiater zu dem Patienten:
»Sagen Sie mal, da ist ja überhaupt kein Zu-
sammenhang.«
Darauf der Patient: »Ich brauche keinen Zu-
sammenhang, ich denke immer ans Vögeln.«

Als ich mich während meines Studiums mit Freud be-
schäftigte, wurde begütigend und zur Entschuldigung des
Vaters der Psychoanalyse erklärt, seine Wiener großbür-
gerliche Klientel vor dem Ersten Weltkrieg in einer luxuriösen Hochkultur, die mit einer relativ engen, aber sich
dauernd lockernden Moral zusammenstieß, sei eben so
over-sexed gewesen, sie habe immer nur an das eine gedacht und musste es doch verdrängen, unter dem Deckel
halten. Bis ein Überdruckkessel entstand, der sich wenigstens im Ventil des Witzes entlud.
Gegen Freud wurden damals seine aufmüpfigen und mit
seiner reinen Sexlehre nicht einverstandenen Schüler auf-
geboten. Zum Beispiel Alfred Adler, der im proletari-
schen Milieu psychische Störungen untersuchte und zu
der Lösung kam, es sei vor allem der Machttrieb, der die
Unterdrückten beflügele. Am wirksamsten als Gegenpol
wurde Carl Gustav Jung in die Schlacht gegen den Sexis-
mus Freuds geworfen. Er hatte die Theorie von den kultu-
rellen Mustern in die Debatte geworfen. Freud, das war
nix. Freud, das war bäh.

Eike Christian Hirsch, der 1985 sein Buch *Der Witzab-leiter* veröffentlichte, geht sehr ungnädig mit Freud um und noch ungnädiger mit sich selbst, wenn er sich in einem Kapitel mit dem obszönen und skatologischen Witz beschäftigt. (Skatologie: »Vorliebe für das Benutzen von Wörtern aus dem Analbereich«, sagt mein Wörterbuch.) Hirsch macht die Angst und das Unbehagen zum Thema und führt folgenden Witz an:

> Claudia hat ein neues Kleid. Es ist schön,
> es sitzt fantastisch und ist auch noch selbst
> gemacht. Sebastian ist hingerissen. Abends bei
> ihr zu Hause sagt er: »Wir haben uns nun aus-
> giebig über das Kleid unterhalten, beim Essen,
> in der Theaterpause und auf dem Heimweg.
> Wollen wir das Gesprächsthema jetzt nicht
> endlich einmal fallen lassen?«

Oh weia. Der Witz wäre schon etwas besser, wenn die Pointe lautete: »Wollen wir das Kleid nicht endlich fallen lassen?«
Und Hirsch fragt nach dem Anteil von Lust und Unlust in der Wirkung und sagt: Die Unlust sei klein, »man spürt aber doch auch das Risiko, das die Aufforderung zum Fallenlassen enthält; so etwas kann schiefgehen«.
Mit Verlaub, man sieht sozusagen die viktorianische Gouvernante neben dem Witzeerzähler sitzen, dem sie gleich eins auf die Finger gibt, wenn er zu unanständig wird.
Nur ein anderes Beispiel bei Hirsch:

Missmutig sagt der Ehemann zu seiner Frau: »Manche Frauen können anziehen, was sie wollen, denen steht einfach nichts.« Da gibt sie zurück: »Manche Männer können ausziehen, was sie wollen, da ist es genauso!«

Und dann fragt Hirsch mit einer gewissen Nervosität den Leser:

Wie war die Wirkung bei Ihnen? Da war wohl ein kleiner Schrecken, eben die Unlust, die Scheu, sich auf diesen Witz einzulassen, und dann doch, nehme ich an – die Lust, die in diesem Wettstreit Siegerin blieb. Freud jedoch hat das gar nicht sehen können; nicht einmal auf intellektueller Ebene hat er ein Hin-und-Her-Schwanken gelten lassen.

Noch ein Beispiel:

Der Frauenheld des Dorfs steht wegen eines Vaterschaftsprozesses vor Gericht. Die Resi ist als Zeugin benannt worden. Vor dem Gerichtssaal fragt sie der Richter leutselig: »Na, hast du denn auch eine Ladung bekommen?« »Nein«, antwortet sie, »mich hat er nur geküsst.«

Da ist wenigstens schon eine Spur von Doppelsinn, die sich in dem gegenwärtig kursierenden Annoncen-Witz einer Kontaktsuche spiegelt: »Einsamer sucht Einsame zum Einsamen.«

An anderer Stelle spricht Hirsch von den amerikanischen Psychologen, zum Beispiel John H. Willman, und davon, warum sich im Witz die entgegengesetzten Gefühle, er nennt sie Angst und Freude, verstärken. Auch dafür gibt er ein Beispiel, das grauenvoll in die Jahre gekommen ist:

> Die recht üppige neue Stewardess steckt den
> Kopf durch die Tür zum Cockpit und fragt den
> Kapitän: »*Would you like coffee or milk?*«
> Der Kapitän dreht sich rum, starrt auf den
> Busen der Kollegin und fragt: »*Which one is
> coffee and which one milk?*«

Ganz furchtbar wird es in dem folgenden Witz, wo die Umschreibung die eigentliche ungewollte Peinlichkeit herbeiführt:

> Die Straßenbahn ist überfüllt. Die junge Dame
> dreht sich um und sagt zu dem Mann hinter
> ihr: »Bitte drängeln Sie nicht so.«
> »Entschuldigen Sie«, sagt er. »Ich habe heute
> eine Zulage in Hartgeld bekommen.«
> »Nun sagen Sie bloß auch noch«, zischt die
> Frau, ohne sich umzudrehen, »Sie hätten
> seit der vorletzten Haltestelle auch noch eine
> Gehaltserhöhung bekommen.«

Ja, möchte man da seufzen, so waren die Neunziger, scheinbar eine Oase der sexuellen Befreiung. Und noch ein Beispiel des grausamen Spiels:

Ganz, ganz eng schmiegt sich Jörn beim
Tanzen an Sylvia. Plötzlich bleibt Sylvia stehen
und führt Jörns Hand an ihren linken Busen.
»Ist der etwa platt?«, fragt sie.
Jörn schüttelt den Kopf.
Sie führt seine Hand an ihren rechten Busen
und fragt wieder: »Ist der etwa platt?«
Wieder schüttelt Jörn den Kopf und wird dabei
rot.
»So«, meint Sylvia beruhigt, »dann kannst du
ja deinen Wagenheber wieder einziehen.«

»Bei solchen Witzen unterscheiden die Neo-Freudianer«,
schreibt Hirsch, »zum Beispiel Karen Horney und Erich
Fromm – zwischen Primär- und Sekundärangst. Man
kann die zweite Art von Angst auch als Strafangst bezeichnen.«
Man kann den Witz selbst auch als Strafe bezeichnen.
Hirsch erzählt auch einen Klassiker, mit der Vorbemer-
kung: »Das macht Sexwitze zugleich begehrt und gefährlich. Strafangst kommt auf. Strafangst, das bedeutet, man
besinnt sich der Strafe, die auf jede Tabuverletzung an-
steht. Ich merke das zum Beispiel daran, dass ich Hemmungen habe, Ihnen diesen unverblümten Witz als Anschauungsmaterial vorzuführen.« Dennoch druckt er ihn
ab.

»Stell dir vor«, sagt die ältere Krankenschwester zu ihrer jungen Kollegin, »der Seemann
auf Zimmer acht ist tätowiert, sogar auf dem
Glied. Da steht ›Rumbalotte‹ oder so ähnlich.«

Die junge Schwester kommt nach einer halben Stunde zurück und sagt: »Da steht aber in Wirklichkeit ›Ruhm und Ehre der baltischen Flotte‹!«

Heute, würde ich mal sagen, hat bei diesem Witz niemand mehr Hemmungen, und man freut sich neben der unterschiedlichen Wirkung einer älteren und einer jüngeren Krankenschwester auf einen Patienten über die herrlich losgelassene Sprache in diesem Witz. Und wie der Sex das Wunder zustande bringt und aus einem rätselhaften Wort wie »Rumbalotte« die Losung »Ruhm und Ehre der baltischen Flotte« herauswachsen lässt. Die Angst und unfreiwillige Peinlichkeit solcher Witze belegt Hirsch mit der Erzählung und Erklärung des Folgenden:

Rekruten-Aushebung in den USA im Jahr 1890. Der eingezogene Farmerssohn steht splitternackt vor dem Militärarzt und erklärt, seine Augen seien nicht in Ordnung. Der Arzt reckt zwei Finger hoch und fragt: »Was sehen Sie?« »Nichts.«
Der Arzt winkt stumm eine Schwester heran, knöpft ihre Bluse auf und beginnt den Inhalt zu massieren. (Damals sagte man für Brüste tatsächlich Inhalt!) »Was sehen Sie?«, fragt er wieder.
»Nichts, nur was ganz Verschwommenes.«
»Ihre Augen mögen nicht viel taugen, mein Junge, aber Ihre Nudel zeigt schnurstracks nach Fort Dix.«

Das Wort »Nudel« und das unerklärte »Fort Dix« – im amerikanischen Slang ist »Dick« das Glied – gibt Hirsch zu und erklärt: »... so liegt es jetzt nahe, von Angst zu sprechen. Übrigens auch von meiner Angst, Witze-Beispiele zu bringen, die von Leserinnen und Lesern verworfen werden könnten. Das Thema ist also rundum angstbesetzt.«

Von diesem Witz fällt die Überleitung dazu nicht schwer, was die Vertreter der Frankfurter Neuen Schule, die *Pardon*-Redakteure und Mitarbeiter Robert Gernhardt, F. K. Waechter und F. W. Bernstein, für den Witz geleistet haben, indem sie seinen Ursprung aus der kindlichen und pubertären Fäkaliensprache und ungehemmten Wortspielerei bloßlegten und sich zu benennen trauten. Auch Rühmkorf gehört zu dieser Tradition und zu den Wortspielen aller Art, die den Witz von seiner Schamhaftigkeit erlösten. Klosprüche, Kinder-Abzählreime, Klapphornverse, Wirtinnenverse – all das hat die Festung der falschen Peinlichkeit gestürmt und zum Einsturz gebracht. Und hier hat auch die »Nudel«, die Hirsch im Fort-Dix-Witz anführt, endlich ihre glaubwürdige Berechtigung, wie der folgende infantile Schüttelreim belegt:

Die Hausfrau pudelnackt
Den Hausfreund bei der Nudel packt.
Und seufzt in ihrem Himmelbett:
»Ach, wenn mein Mann doch auch so'n Pimmel
hätt'!«

Das ist doch ganz etwas anderes als die verschwiemelten Umschreibungen. Wie sie der folgende Witz bereithält:

Ein Börsenmakler sagt leise unter der Bett-
decke zu seiner Frau: »Die Aktien steigen, der
Kurs ist fest.«
»Nein«, antwortet sie, »die Börse ist geschlossen.«
Brummend dreht sich der Makler auf die Seite.
Nach einer Weile hat es sich seine Frau über-
legt und sagt: »Liebling, die Börse ist jetzt
geöffnet, ich nehme die Aktien zum Höchst-
wert.«
»Zu spät«, brummt der Ehemann, »ich habe sie
bereits unter der Hand verschleudert.«

Der Witz ist nun wirklich zum Fremdschämen eklig und
man kann nur sagen: »Schwamm drüber«.
Kehren wir noch einmal zurück zu der Haltung des
Witzeerzählers, also noch einmal zurück zu Freud. Da gibt
es den Intellektuellenwitz, dessen Pointe die Befreiung in
der intellektuellen Fallhöhe ermöglicht. Er ist so geist-
reich, dass man das Tierische im Witz vergisst und ihn
in Gesellschaft unter Begleitschutz der Stimmung und eines anderen männlichen Ohren- und Augenzeugen ohne
Weiteres als verdeckten Angriff in weiblicher Gesellschaft
erzählen kann. Dann gibt es die niedrige Zote, zu der sich
Männer allein am Stammtisch auf die Schenkel schlagen.
Allein? Fast allein, denn Freud erwähnt die Anwesenheit
einer jungen Schankmagd, der Kellnerin, der Saaltochter,
die man sich meist üppig und drall wie in Brüderles
Dirndl-Fantasie vorstellen kann, und an der begehen die
frustrierten Männer ihre zotigen Ausfälle. Ist das noch
so?

Ich schreibe diesen Teil in der Vorweihnachtszeit 2014. Da gibt es viel Werbung für Champagner und Sekt und Prosecco. Zurzeit sehe ich ständig bei RTL, wenn ich auf die Sendung *Wer wird Millionär?* warte, eine Henkell-trocken-Werbung. Da sitzen festlich gekleidete Gäste, junge elegante Männer und junge elegante Damen, an einer festlich gedeckten Tafel. Die Stimmung ist schon gelöst. Eine hübsche junge Frau im Abendkleid wirft ihrem Gegenüber einen aufmunternd funkelnden Blick zu. Die Kamera fährt unter den Tisch, man sieht, die junge Frau hat unter ihrem Abendkleid einen nackten Fuß, die Schuhe schon ausgezogen. Sie fährt mit dem Fuß dem gegenübersitzenden jungen Mann die Wade hoch. Dann schnappt sie sich eine ganze Flasche Sekt, steht auf und geht barfuß eine Treppe hoch. Andere Damen im Abendkleid tun es ihr gleich. Der junge Mann steht auf, er weiß, was ihn oben erwartet. Henkell trocken macht's möglich. Da braucht es die Überwindung des Weibes durch eine anzügliche Zote nicht mehr. Der Sekt hat schon alles besorgt.

Erstmals wurden Kabarettisten, Komiker, Witzeforscher und das, was wir später »Comedians« nennen sollten und wollten, auf die schmutzigen und trüben, aber authentischen, weil infantilen und anarchischen Quellen des Witzes aufmerksam. Etwa in Abzählreimen. Ich habe bereits den Abzählreim meiner Kindheit zitiert:

> Ene dene dotz,
> der Teufel lässt einen Forz,
> der Teufel lässt einen Leberforz,
> ene dene dotz.

Bei »dotz« war man dann draußen. Wie gesagt: Es waren Rühmkorf, Henscheid, Wächter und Gernhardt, die so etwas sammelten. Kinderwortspiele, Kinderreime leben von Verballhornungen, Pubertierende sind stets bereit, Wände zu beschmieren, dort ihre geheimen Ferkeleien sichtbar zu machen. Schulstoff wird parodiert, dem Schiller-Denkmal eine rote Nase angemalt.

18. SCHÜLERSTREICHE UND DIE »FEUERZANGENBOWLE«

Zu den komischsten Erlebnissen, zu den Dauerrennern, gehörte im Kino die *Feuerzangenbowle*. Heinz Rühmann wurde durch sie zum beliebtesten Komiker. *Die Feuerzangenbowle* ist ein Film über Pennäler-Witze und Pennäler-Schulstreiche. Erwachsene sehnen sich, während sie sich bei einer Bowle volllaufen lassen, nach der Schulzeit zurück. Ach, waren das noch glückliche Jahre!

Ich hatte das Vergnügen, mit Heinz Rühmann am Chiemsee in seinen späten Jahren wochenlang Gespräche führen zu können, um ein Buch über seine Filme zu schreiben. Er war schon der Lieblingskomiker der Nazizeit, Spoerls *Feuerzangenbowle* wurde noch mitten im Krieg gedreht. Vor Stalingrad, vor der Ausrufung des totalen Kriegs, als die Kinos geschlossen wurden, galten seine Filme noch als letzte harmlose Ablenkung für die bombenkriegsbedrohte Heimat. Diese Liebe blieb ihm auch in der Nachkriegszeit erhalten. Man kann ohne Übertreibung sagen, dass die *Feuerzangenbowle* auch jetzt zum Kultfilm avancierte, der unzählige Male in Retrospektiven lief, unzählige Male im Fernsehen vorgeführt wurde. Heinz Rühmann spielt darin den Dr. Pfeiffer, einen eleganten

Schriftsteller, der eines Abends mit seinen Freunden zusammensitzt, und da er von einem Hauslehrer erzogen wurde, entsteht als Schnapsidee der Plan, dass er sich noch einmal in einen Schüler zurückverwandelt und erstmals zur Schule geht. Der Film bezieht seinen Reiz daraus, dass ein Erwachsener ohne Verantwortung und ohne ernste Folgen auf die Pauke hauen kann. Es ist die Anarchie der Jugend, die hier – in übrigens sehr engen Grenzen – freigesetzt wird.

Rühmann erzählte mir, dass der Erziehungsminister Rust, als der Film 1943 gedreht wurde, große Bedenken gegen die Freigabe des Films in deutschen Kinos hatte. Die Autorität der Lehrer und damit die Staatsautorität würden mit ihm lächerlich gemacht und also untergraben. Man erinnere sich, dass für die Siege der deutschen Armee 1866 und 1870/71 der preußische Schulmeister als einer der Väter des Erfolgs galt! Rühmann durfte persönlich ins Führerhauptquartier, also in die Wolfsschanze fahren oder fliegen, er war ja bei der Luftwaffe, und auch sein Film *Quax, der Bruchpilot* war einer der Lustspielhits der Nazizeit. Hitler habe dann mit einem Wink die Freigabe dieses Films bewirkt.

Rühmann war, als er mir das erzählte, schon sehr alt und berichtete damals, dass der Vorsitzende der Reichsfilmkammer, Fritz Hippler, ihn dabei unterstützt habe, dass die *Feuerzangenbowle* während des Kriegs ins Kino kam. Ich habe die Gespräche mit einem Tonbandgerät aufgenommen und der Ufa in Berlin die Tonbänder zum Abschreiben zugeschickt. Die Tonbänder bekam ich dann in Abschriften zum Korrekturlesen zurück, wobei ich eine Überraschung erlebte, die damals im Zeitalter der Veröffentlichung der angeblichen Hitler-Tagebücher nicht ohne unfreiwillige Komik war. Die Sekretärin beim Abschreiben hatte statt »Hippler« »Hitler« gelesen, und so stand in meinem Manuskript der folgende Dialog:

»Hitler war kein Nazi?«, frage ich Rühmann.
»Nein, nein. Hitler war überhaupt kein Nazi.
Ich musste bei ihm nicht einmal ›Heil Hitler‹
grüßen.«
Meine abschließende Frage: »Lebt denn Hitler
noch?«
»Natürlich. Er lebt als Pensionär in der Nähe
von Salzburg. Es geht ihm gut. Er war ja kein
wirklicher Nazi.«

Nun ist der Hörfehler »Hitler« statt »Hippler« der eine Gag. Die Erinnerung von Rühmann an Hippler allerdings ist eine geradezu gespenstische Verdrängung. Fritz Hippler kein Nazi? Er drehte und verantwortete als Autor den übelsten antisemitischen Film neben *Jud Süß*, einen Propagandafilm, in dem die Juden als Untermenschen aus dreckigen Löchern krochen und die germanische Welt in Parallelbildern auch als Ratten überfluteten. Hippler war einer, der durch die Maschen schlüpfte. Er wurde wegen seiner üblen Pogromhetze, die direkt Auschwitz und Theresienstadt filmisch legitimieren und begründen sollte, nie belangt. Heil Hippler! Übrigens ist, und damit sind wir beim Thema, die *Feuerzangenbowle* frei von jeglicher sexuellen und fäkalischen Komikanspielung. Es ist sozusagen eine jugendfreie Version einer jugendfreien Kindheit, in der den Jungs nichts Böseres passieren konnte, als dass sie ihre Lehrer – bis auf den blonden, gestählten, sportlichen Klassenlehrer – wegen ihrer Dialekteigenheiten und Hagestolz-Gewohnheiten veräppelten.

Rühmann war in vielen Filmen der Partner von Hans Albers. Er, der kleine niedliche Komiker, harmlos bis zum Gehtnichtmehr, der keiner Fliege und erst recht keiner Frau etwas zuleide tun konnte. Er hat darunter gelitten. Das kam in meinen Gesprächen mit ihm ganz, ganz deutlich zum Vorschein. Er machte sich über Hans Albers gern lustig und mokierte sich besonders über eine Szene, über die er sich noch Jahre später ausschütten konnte. Im Film *Bomben auf Monte Carlo* von 1931 gibt es eine Szene, in der Hans Albers, der Hoppla-jetzt-komm-ich-Held, groß, blond und mit blitzendem Auge, über Bord ins Wasser springen muss. Und dabei, das hat mir Rühmann mit genüsslichem Lachen erzählt, hat sich dem blonden Strahlemann im Wasser das Toupet vom Kopf gelöst. Vorbei war es mit der blonden Haarpracht.

Wie gesagt, die *Feuerzangenbowle* ist wie fast alle Rühmann-Filme garantiert jugendfrei und kam über jede FSK-Kontrolle hinweg. Von seinem großen Partner, dem Kraft- und Sexprotz, wusste Rühmann aber schreckliche Geheimnisse zu erzählen. »Stellen Sie sich vor«, sagte Rühmann, »Hans Albers empfing in seiner Garderobe im Bademantel weibliche Besucherinnen und überraschte sie dadurch, dass er seinen Schwanz mit Senf mit Messer und Gabel auf einem Teller präsentierte.«

Irgendwo mussten ja die unterdrückten kriegerischen Triebe raus. In Nazifilmen erinnere ich mich an eine einzige sexuelle Anspielung. Der Film hieß *Stukas* und behandelte die Sturzkampfflieger, die Wunderwaffe der ersten Kriegsjahre, die sich mit Geheul aus schwindelnder Höhe mit sirenenartigem Lärm auf ihre Ziele niedersenkten, in ziemlicher Bodennähe die Bomben ausklinkten und dann in kühner Kurve wieder jäh zum Himmel aufstiegen. Es gibt die *Wochenschau*-Aufnahmen in meiner Erinnerung, wo Hitler nahe der Weichsel mit dem Fernrohr Stuka-Angriffe auf Warschau genüsslich und als zufriedener Feldherr beobachtete. Im *Stuka*-Film sieht man nun die Piloten, wie sie sich mit ihrer Maschine auf ihre Beute hinabstürzen und dabei mit fröhlichem Lachen ausrufen: »Hinein mit Sack und Flöte!« So, kriegerisch umfunktioniert, durfte das Zotige auftauchen als »Männerfantasie«.

Dass es in Diktaturen wie dem Faschismus und dem Kommunismus sonst nichts gab, was die anarchische Kraft der Sexualität freigesetzt hätte, hängt mit der unbewussten Angst vor dieser Kraft zusammen. Chaplin war der Einzige, der Hitler da durchschaute und bloßstellte. In der demagogischen *Schtonk*-Rede, die er vor den immer entfesselter zuhörenden Massen hält, hat er neben sich ein Glas Wasser stehen, von dem der Erhitzte beim Reden öfter einen Schluck nimmt, wenn ihn der frenetische Beifall gerade unterbricht. Kurz vor dem Höhepunkt nimmt er das Wasserglas, steckt die Hand zwischen Koppel und seine Hose und gießt sich das Wasser in den offenbar übererhitzten Schoß. Besser, genialer lässt sich das nicht darstellen.

Doch zurück zu den Schülerstreichen. Als Kind lernte ich in einer Fibel mein erstes Gesetz der Tierliebe. Es ging so:

Muh, muh, muh
So macht im Stall die Kuh.
Sie gibt uns Milch und Butter
Wir geben ihr das Futter.

Später hörte ich gerne gegen den grauen Büroalltag das Lied *Ich wollt, ich wär ein Huhn*:

Ich wollt' ich wär' ein Huhn,
ich hätt' nicht viel zu tun,
ich legte vormittags ein Ei
und abends wär' ich frei.

Die schöne Utopie des Hühnerlebens geht in dem Lied so: »Ich brauchte nie mehr ins Büro, / Ich wäre dämlich, aber froh.«
Der etwas arbeitserfülltere Schluss lautet: »Da legt ich täglich nur ein Ei / Am Sonntag auch mal zwei.« Dieses Lied gilt wohl nur noch für die Bio-Tierhaltung und wird von der Massentierhaltung grässlich widerlegt. Das Wichtigste über das Liebesverhältnis zwischen Mensch und Tier hat Wilhelm Busch in der wohl meistverbreiteten Lausbubengeschichte der Welt, in *Max und Moritz*, gleich an den Anfang gestellt:

Mancher gibt sich viele Müh'
Mit dem lieben Federvieh,
Einerseits der Eier wegen,
Welche diese Vögel legen;
Zweitens: weil man dann und wann
Einen Braten essen kann;

Drittens aber nimmt man auch
Ihre Federn zum Gebrauch
In die Kissen und die Pfühle
Denn man liegt nicht gerne kühle.
Seht, da ist die Witwe Bolte,
Die das auch nicht gerne wollte.

Nach dem Hühnermord durch Max und Moritz erfasst sie ob der am Baum hängenden drei Hennen und des einen Hahns die Traurigkeit:

Fließet aus dem Aug' ihr Tränen!
All mein Hoffen, all mein Sehnen,
Meines Lebens schönster Traum
Hängt an diesem Apfelbaum.

Nach dem Schmerz setzt dann wieder die praktische Liebe ein, und so beginnt der zweite Streich:

Als die gute Witwe Bolte
Sich von ihrem Schmerz erholte,
Dachte sie so hin und her,
Dass es wohl das Beste wär',
Die Verstorbnen, die hinieden
Schon so frühe abgeschieden,
Ganz im stillen und in Ehren
Gut gebraten zu verzehren.

Das Verhältnis des Menschen zum Vieh ist praktisch. Es ist vom Schopenhauer'schen Willen zu überleben geprägt. In *Hans Huckebein, der Unglücksrabe* begrüßt die Tante, als Fritz, der muntere Knabe mit dem Raben in der Mütze, ihre Wohnung betritt, ihn mit Wohlwollen und Vorfreude:

> Die Tante kommt aus ihrer Tür,
> »Ei!« – spricht sie – »Welch ein gutes Tier.«

Doch oh weh, der Rabe zerstört ihre Vorfreude und beißt sie in den Zeigefinger, der freudig auf den Raben gerichtet war.

> Kaum ist das Wort dem Mund entflohn,
> Schnapp! Hat er ihren Finger schon.

Und nun folgt die philosophische Grundvoraussetzung, was wir Menschen als gut und böse bei Tieren empfinden. Während sie den gebissenen Zeigefinger ins kühlende Wasserglas tunkt, hebt sie den anderen mahnend an ihren Neffen gerichtet hoch.

> Ach! – ruft sie –
> Er ist doch nicht gut,
> Weil er mir was zuleide tut.

Wilhelm Busch hat Tiere geschildert, deren Freiheitswille durch plötzliche Gefangenschaft jäh ein Ende findet und deren Ausbruchsversuche der Mensch als ebenso gemein empfindet wie das Ausbrechen von Strafgefangenen aus Alcatraz.

Eines der großen Erlebnisse der Busch-Zeit waren die zoologischen Gärten, die den Menschen anstelle der Safari der flugmobilen Gesellschaft damals im zoologischen

Garten, vornehmlich bei Hagenbeck, die exotischen Tiere in der Gefangenschaft vorführten.

Natürlich, hier waren die Tiere teils traurig, teils dem Menschen als Anschauungsmaterial zur Verfügung stehend, ohne zuschnappen zu können. In allen Tiergeschichten Wilhelm Buschs, zum Beispiel in *Fips, der Affe* und in *Plisch und Plum* spielt Abrichtung der Tiere eine schmerzliche Rolle. Da sieht er durchaus Parallelen zwischen den beiden Hunden Plisch und Plum und den beiden Knaben, die sie besitzen und die parallel abgerichtet werden. Natürlich weiß Wilhelm Busch auch um die Fabeleigenschaften der Tiere, die sie seit der griechischen Antike und Aesop haben. Menschen sind darin fleißig wie die Bienen, mutig wie der Löwe, kämpferisch wie eine Löwenmutter um ihr Junges, sanft wie die Taube, scheu wie ein Reh, schlau wie ein Fuchs, gierig wie ein Wolf. Der Wolf, der Rotkäppchens Oma verspeist, ist ein besonders furchtbares Beispiel, aber seine Gier treibt ihn auch ins Elend.

Meine liebste Wolf-Fabel ist die vom Wolf, der mit einem Stück Fleisch im Mund über einen Fluss schwimmt, das Spiegelbild des Fleisches im Wasser gespiegelt sieht und das auch noch haben will – und so beide verliert. Er ist nicht wie die Schlange, über die uns schon die Bibel lehrt: Seid klug wie die Schlangen.

Tiere sind stolz wie ein Pfau, und sie haben Grund dazu, weil ihr prächtiges Pfauenrad wirklich werbemäßig beim anderen Geschlecht viel hermacht. Deshalb Oscar Wildes vernichtendes Urteil über eine Dame der Gesellschaft: »Sie hat alles vom Pfau, nur nicht die Schönheit.« Schwer beeindruckt war Wilhelm Busch vom Darwinismus, der an die Stelle der Gottesähnlichkeit die mühsam durch Zivilisation maskierte Fratze des Raubtiers setzte. Er versinnbildlichte das mit der Feststellung, dass der Mensch neben den für die eher vegane Zubereitung der Nahrung geeigneten Mahlzähnen auch die Reißzähne des Raubtiers hat. Wir haben dazu die Koch- und Bratkunst, das Garen, Schmoren und Braten. All diese Elemente – von Darwin über den Zoo, vom Wolf in der Fabel über den dressierten Affen – kommen im *Naturwissenschaftlichen Alphabet* vor, das wohl die folgenreichste, auch noch die meistparodierte, meistnachgeahmte Bilderfolge des großen Humoristen ist. Man kann in ihr alphabetisch, also lexikografisch menschliches und tierisches Zusammenleben symbolisch und didaktisch, praktisch und parallel geführt beobachten, und es ist vor allem die didaktische Moral – sie erinnert nicht wenig an die Folgerungen aus *Brehms Tierleben* –, die dem *Alphabet* allein schon seine Unsterblichkeit verleihen würde. Denn diese Moral ist, wie bei Busch immer, zumindest zweideutig, wobei immer das Ideal über die Wirklichkeit stolpert wie bei dem Satz aus der *Frommen Helene*, der ultimativen Quintessenz des Guten:

> Das Gute, dieser Satz steht fest,
> Ist stets das Böse, das man lässt.

Die Moral ist aber vor allem eine sehr praktische Angelegenheit bei Busch. Wir würden sagen: eine Kosten-Nutzen-Rechnung. Wobei ältere Leute in der Lage sind, das aus der Erinnerungsperspektive zu korrigieren. So sagt der alte Onkel zu dem jungen Mädchen:

Oh hüte dich vor allem Bösen!
Es macht Pläsier, wenn man es ist
Es macht Verdruss, wenn man's gewesen.

Und da ich die *Fromme Helene* jetzt aus der Alterspers-
pektive wieder lese, kann ich den Schluss, den die »milde
Tante« an den ernsten Rat des strengen Oheims an-
schließt, mit einem wehmütigen Lächeln bestätigen.

Ja leider, sprach die milde Tante
So ging es vielen, die ich kannte.
Drum soll ein Kind die weisen Lehren
Der alten Leute hoch verehren.
Die haben alles hinter sich
Und sind, gottlob! recht tugendlich.

Das ist weit entfernt von einer christlichen Moral und
heißt übersetzt: »Wer keine Zähne hat, beißt nicht mehr.«
Auf der anderen Seite möchte ich als Agnostiker hier ein-
fügen, dass die Religion auf derselben Kosten-Nutzen-
Rechnung basiert, nur dass es dort nach der alten Kredit-
kartenmoral geht, mit der diese früher geworben hat. *Buy
now*, kaufe jetzt, *pay later!*
Robert Gernhardt, einer der großen Busch-Verehrer und
-Nachfolger, hat seine Bildergeschichten *Vom Schönen,
Guten …* – nein, nicht »Wahren«, sondern *Vom Schönen,
Guten, Baren* betitelt. Das klingt nach purem Wilhelm
Busch.
Die Wende, die die *Pardon*-Satiriker der Frankfurter
Schule ebenso wie der Lyriker Peter Rühmkorf herbei-
führten, war, dass sie Wilhelm Busch in den Untergrund

folgten, in das Verbotene, Unterdrückte, Obszöne, Vulgäre. Sie machten eine außerliterarische und außerkünstliche Tradition literatur- und kunstfähig. Was Freud zuerst im Witz aufgespürt hat, die Kraft der Zote, hat das Wilhelm-Busch-*Alphabet* ausgelöst und wieder ans Tageslicht gebracht. Zitieren wir aber erst einmal das Original:

Naturgeschichtliches Alphabet
für größere Kinder und solche, die es werden wollen

Im *A*meishaufen wimmelt es,
Der *A*ff' frißt nie Verschimmeltes.

Die *B*iene ist ein fleißig Tier,
Dem *B*ären kommt dies g'spaßig für.

Die **C**eder ist ein hoher Baum,
Oft schmeckt man die **C**itrone kaum.

Das wilde **D**romedar man koppelt,
Der **D**ogge wächst die Nase doppelt.

Der **E**sel ist ein dummes Tier,
Der **E**lefant kann nichts dafür.

Im Süden fern die *F*eige reift,
Der Falk am *F*inken sich vergreift.

Die *G*ams im Freien übernachtet,
Martini man die *G*änse schlachtet.

Der *H*opfen wächst an langer Stange,
Der *H*ofhund macht dem Wandrer bange.

Trau ja dem *I*gel nicht, er sticht,
Der *I*ltis ist auf Mord erpicht.

*J*ohanniswürmchen freut uns sehr,
Der *J*aguar weit weniger.

Den *K*akadu man gern betrachtet,
Das *K*alb man ohne weiters schlachtet.

Die *L*erche in die Lüfte steigt,
Der *L*öwe brüllt, wenn er nicht schweigt.

Die *M*aus tut niemand was zu Leide,
Der *M*ops ist alter Damen Freude.

Die *N*achtigall singt wunderschön,
Das *N*ilpferd bleibt zuweilen stehn.

Der *O*rang-Utan ist possierlich,
Der *O*chs benimmt sich unmanierlich.

Der *P*apagei hat keine Ohren,
Der *P*udel ist meist halb geschoren.

Das *Q*uarz sitzt tief im Berges-Schacht,
Die *Q*uitte stiehlt man bei der Nacht.

Der *R*ehbock scheut den Büchsenknall,
Die *R*att' gedeihet überall.

Der *S*teinbock lange Hörner hat,
Auch gibt es *S*chweine in der Stadt.

Die *T*urteltaube Eier legt,
Der *T*apir nachts zu schlafen pflegt.

Die Unke schreit im Sumpfe kläglich,
Der Uhu schläft zwölf Stunden täglich.

Das Vieh sich auf der Weide tummelt,
Der Vampyr nachts die Luft durchbummelt.

Der Walfisch stört des Herings Frieden,
Des Wurmes Länge ist verschieden.

Die Zwiebel ist der Juden Speise,
Das Zebra trifft man stellenweise.

Schon beim A wird eine Tendenz der wunderbaren Verse zu den Bildern deutlich: der unmögliche Reim, der die Erkenntnisse in gravitätische unfreiwillige Komik versetzt »Im Ameisenhaufen wimmelt es / Der Aff' frisst nie Verschimmeltes.«

Stabreime sind gefragt, beim Buchstaben F: »Im Süden fern die Feige reift / Der Falk am Finken sich vergreift.«

Tierfabelhaftes kommt zum Ausdruck, zum Beispiel, in E: »Der Esel ist ein dummes Tier / Der Elefant kann nichts dafür.« Im Bild kommt dann die drakonische Pädagogik zum Ausdruck, mit dem der weise, aber zornige Elefant das Abc in den Esel einbläut. Und wieder die Hans-Huckebein-Einsicht im Kontrast: »Johanniswürmchen freut uns sehr / Der Jaguar weit weniger.«

Abgesehen vom wunderbaren Holperreim zeigt das Bild einen fröhlichen Schwarzen, der in aller Unschuld ein Johannis-Glühwürmchen bewundert und nicht bemerkt, dass der Jaguar in seinem Rücken schon die Pranke gehoben hat.

Ach, und wie ist die Natur ungerecht! Da steht das hässliche, plumpe, blöd glotzende Nilpferd vor einem Stab, auf dem eine Nachtigall offenkundig singt. Und Busch verbindet die beiden Tiere, die zierlich schöne Nachtigall und das dickhäutige Plumptier, mit dem unwiderstehlichen Reim: »Die Nachtigall singt wunderschön / Das Nilpferd bleibt zuweilen stehn.« Und noch eine Kosten-Nutzen-Rechnung: »Den Kakadu man gern betrachtet / Das Kalb man ohne Weit'res schlachtet.« Man sieht die Angst des Kalbs in den sperrigen Beinen und die Mordlust des Metzgers in seinen gemütlichen Bewegungen.

Ich möchte hier mit der unterdrückten Tradition beginnen und eine Geschichte aus meiner Schulzeit erzählen, die sich mir sehr eingeprägt hat. Mit fünfzehn oder sechzehn Jahren bin ich in Bernburg in den Schulchor eingetreten, einerseits, weil ich wirklich gerne gesungen habe und dabei im Chorsingen nicht unangenehm auffiel, zum anderen, weil in meiner Klasse nur zwei Mädchen waren, die mir beide nicht gefielen. Im Chor dagegen waren viele hübsche Mädchen, manche mir auch freundlich zugetan, und so waren die Fahrten mit dem Chor, der sich einen gewissen Ruhm über die Schule hinaus erworben hatte, wunderbare Gelegenheiten, mit Mädchen ins Gespräch und in Kontakt zu kommen. Der Chorleiter war ein gutaussehender, schlanker Mann mit einem riesigen Adamsapfel, der beim Singen auf und ab wippte und mir, wenn ich es nachträglich überdenke, wirklich als »Adams-Apfel« vorkam, als Symbol des männlichen Sündenfalls durch die Frau. Der Chorleiter, der mit sanften Bewegungen und hingebungsvollem Gesicht vor uns stand und zarteste Volkslieder dirigierte – »Innsbruck, ich muss dich lassen, ich zieh dahin mein Straßen ... mein Freud ist mir genommen, die ich nicht weiß bekommen, wo ich im Elend bin« –, hatte ein merkwürdiges Hobby, das damals unter uns Jungs weit verbreitet war: Er sammelte die schmutzigen Parodieverse des Wilhelm-Busch-*Alphabets*, die es in einer Unzahl gab. Alles war da ins Sexuelle gewendet und gedreht. Zum Beispiel bei dem schwer zu reimenden Q. Da heißt es im Original: »Das Quarz sitzt tief im Bergesschacht / Die Quitte stiehlt man in der Nacht.« Dem kommt die »schmutzige« Version doch schon recht nahe. Auch hier die naturkundliche Einsicht einerseits und ein Geräusch, das eine bestimmte Tätigkeit hervorruft, andererseits: »Die Qualle durch das Weltmeer segelt / Es quietscht, wenn man im Wasser vögelt.« Ein weiteres Beispiel: »Die Eiche ist ein deutscher Baum« / – und hier wird's ganz finster – »Den Eicheltripper spürt man kaum.« Geschlechtskrankheiten spielten überhaupt eine große Rolle: »Tataren durch die Wüste ziehn / Der Tripper färbt das Hemde grün.«

Auf Lesereisen habe ich mich immer zurückgehalten, Buchstaben aus diesem Alphabet vorzutragen, lediglich die unschlagbaren Einsichten und Lebensregeln des PS: »Den Puma fängt man mit der Falle / Der Puff ist keine Lesehalle.«

Ebenfalls mit Busch gemeinsam kommt die Zeder mit C vor: »Die Ceder ist ein hoher Baum / Oft schmeckt man die Citrone kaum.« Auch hier bei Busch wieder das wunderbare Bild, wo ein reisender, kariert gekleideter Engländer mit dem Fernrohr den Stamm einer offenbar unendlich hohen Zeder emporschaut und ein Koch die Lippen wie von einer Zitrone zusammengezogen spitzt. Dagegen heißt es bei den anonymen Schöpfern, dem schmutzigen

Volksmund, wenn man so sagen darf: »Die Ceder wächst im Libanon / Cadetten onanieren schon.«

Auch Potenz spielt in der pubertären Fantasie offenbar eine große Rolle: »Der Falke wohnt in steiler Kluft / Beim fünften Mal kommt heiße Luft.« Und etwas weniger angeberisch: »Darius war ein Perserkönig / Beim dritten Mal kommt oft recht wenig.« Musik und Sinneslust treffen sich beim O: »Die Orgel durch die Kirche braust / Der Onanist macht's durch die Faust.«

Bei Gernhardt habe ich einige Zeilen entdeckt, die ich noch nicht kannte. Sie stehen in seinem Aufsatz über die Zote. »Die Hunnen schlugen große Schlachten, / Der Hausfick ist nicht zu verachten.« Oder: »Die Bibel ist ein gutes Buch / Vom Beischlaf kriegt man nie genug.« Hier möchte ich den Kommentar von Gernhardt dazuzitieren:

> Wunderbar: Da stimmt nun gar nichts mehr,
> das heißt: alles. Die Lässigkeit, mit welcher der
> Reimeschmied der Bibel auf die Schulter klopft,
> kontrastiert wirkungsvoll zur Angestrengtheit,
> mit welcher er in Sachen Beischlaf lügt, kunst-
> voll eint der Buchstabe B sämtliche Substantive,
> blasphemisch folgt der Bibel der Beischlaf auf
> dem Versfuße. Eine reife komische Leistung.

Da kann man auch wieder bis zu Freud zurückgehen, der, nachdem er, wie schon zitiert, den Kannibalen, der alle seine Verwandten aufgefressen hat, als Erbschleicher bezeichnet und dem die Frage nachschiebt: »Wo findet ein solches Ungeheuer Sympathie?« Die Antwort lautet: »Im Konversationslexikon unter S.«

Für C zitiert Gernhardt: »Cornelia war 'ne geile Maid / Condom ist Piephahns Arbeitskleid.« Oder auch: »Die Jungfrau schläft im Bett allein / Der Jüngling sieht das gar nicht ein.« Besser lässt sich der Gegensatz zwischen Mann und Frau kaum fassen. Besonders viel und zu einem ganzen Gedicht verlängert vereinen sich die Witwe und der Wanderer.

> Die Witwe weint an Mannes Grab,
> Der Wandrer wichst sich einen ab.
> Die Witwe weint an Grabes Rand,
> Der Wanderer wichst mit einer Hand.
> Der Witwe Tränen reichlich fließen
> Der Wanderer wichst mit den Füßen.
> Die Witwe, die wird wieder heiter,
> Der Wanderer wichst ruhig weiter.

Genug des schmutzigen Spiels. Meine Geschichte hat übrigens noch eine moralische Pointe. In unserem Chor war ein besonders hübsches, körperlich gut entwickeltes Mädchen aus der zehnten Klasse, das – es war in den trüben, noch kaum von der Mode angeleckten DDR-Jahren 1949/50 – einen besonders schönen, damals sehr auffälligen roten Mohair-Pullover trug. Der Pullover erwies sich als Corpus delicti, als der Chor ein abruptes Ende fand und nahm. Der Musiklehrer war von der Schule und damit auch von der Chorleitung entfernt worden. Grund: Er hatte dieser Schülerin den roten Mohair-Pullover geschenkt. Wofür, wagten wir uns damals noch nicht mal in einem Wirtinnen-Vers auszudenken.

19. WITZE, DIE MIT DER SPRACHE SPIELEN UND FERKELN

Wir haben gesehen: Infantile Anarchie, das Rütteln an den Fesseln des Sinns, sind die Beweggründe des kindlichen Witzes. Wie später durch Dadaisten und andere Wortbefreiungsspieler wird auch im kindlichen Hirn die Sprache von der Leine gelassen, sucht sich einen Doppel- oder Dreifachsinn, verrennt sich scheinbar in einen Unsinn und findet im Schlick des Unterbewussten meist das Obszöne. Und da sie sich von ihm überrascht gibt, lässt sie es zu. Namenswitze, wir haben das bei »A-haglich« und »Be-haglich« schon gesehen, sind die niedrigste Stufe.

Wie die Sprache dabei stets mitten im Zentrum, das heißt, im weiblichen Zentrum landet, das in dem Courbet-Gemälde vom *Ursprung der Welt* dargestellt wird, zeigt auch die *Walpurgisnacht* im *Faust*:

> Einst hatt' ich einen schönen Traum:
> Da sah ich einen Apfelbaum,
> Zwei schöne Äpfel glänzten dran;
> Sie reizten mich, ich stieg hinan.

Das sagt Faust, während er mit einer jungen Schönen tanzt, die daraufhin antwortet:

> Die Äpfelchen begehrt Ihr sehr,
> Und schon vom Paradiese her.
> Von Freuden fühl' ich mich bewegt,
> Daß auch mein Garten solche trägt.

Als zweites Paar, kontrastreich, kommt Mephisto mit der Alten. Er trägt vor:

> Einst hatt' ich einen wüsten Traum:
> Da sah ich ein' gespaltnen Baum,
> Der hat ein ungeheures Loch;
> So groß es war, gefiel's mir doch.

Worauf ihm die Alte antwortet:

> Ich biete meinen besten Gruß
> Dem Ritter mit dem Pferdefuß!
> Halt' Er einen rechten Pfropf bereit
> Wenn Er das große Loch nicht scheut.

Das ist Zote pur, und für den Druck war der Verleger so erschrocken, dass er das »ungeheure Loch« nur mit Pünktchen füllte, ebenso den »rechten Pfropf«. Derartiges geht als zotige Anspielung durch die Witze aller Zeiten. So kündigt sich ein Gast bei Eike Christian Hirsch mit folgendem Gruß an, wobei ihm die Sprache ins Loch entgleitet. Er schreibt an die gnädige Frau: »Ich freue mich darauf, bald wieder in Ihrer Mitte weilen zu können.« Die

gesellschaftliche Höflichkeit, die von der Mitte der Familie und der Mitte der Lieben spricht, hat sich hier sozusagen obszön verirrt.

Walpurgisnacht hat etwas mit Karneval zu tun, mit Fa-
sching, wo die Sitten zugunsten der Narretei aufgehoben
werden. Seit Jahren gibt es die ZDF-Sendung *Mainz, wie
es singt und lacht.* Nun gab es den folgenden entsprechen-
den Witz einer überleitenden Ansage. Die meist adrette,
hübsche junge ZDF-Ansagerin pflegte zu sagen: »Sie sahen den Krimi *Das finstere Loch.* Sehen Sie jetzt *Mainz,
wie es singt und lacht«*, wobei akustisch »Mainz« und
»meins« eins ist. Manchmal kann man die entsprechende
Stelle auch umgehen und wird gerade dadurch obszön.
Es gibt beispielsweise die Geschichte von den beiden
Hamburger Prostituierten, die sich unterhalten:

»Sag mal, rauchst du danach auch immer?«
Antwortet die andere: »Keine Ahnung. Ich
habe noch nicht heruntergeschaut.«

Der ist besonders schön, weil er einen besonders hitzigen
Vollzug anzudeuten scheint. Harmloser geht es bei Klein
Erna zu.

Klein Erna fragt bei einem nächtlichen
Spaziergang in lauschiger Nacht ihren Hein:
»Du Hein, soll ich dir mal zeigen, wo ich am
Blinddarm operiert bin?«
»Oh ja«, sagt Hein hocherfreut
Darauf streckt Klein Erna ihren Zeigefinger
in Richtung Elbe aus und sagt: »Dort unten

am Elbkrankenhaus bin ich am Blinddarm
operiert worden.«

Wilhelm Buschs *Alphabet*, das die scheinbar holprigen,
sprachlich unbeholfenen Reime mit Gewalt und übers
Knie gebrochen zur höchsten Kunst entwickelt hat, ist
eine Vorlage für die Absenkungen ins Obszöne und Zotige.
Wilhelm Busch hat auch kunstvoll Klapphornverse nach-
geahmt und beschrieben. Klapphornverse sind eine ebenfalls infantile poetische Äußerung. Die beiden Beispiele,
die mir am längsten bekannt sind, gehen so:

> Zwei Knaben saßen auf einer Bank
> Der eine roch, der andere stank
> Da sagte der Riechard zum Stanke:
> Setz dich auf 'ne andere Banke.

Die infantile Witzleistung besteht eigentlich schon in der
Verballhornung des Namens Richard zu Riechard.
Der andere:

> Zwei Knaben gingen über den Strand,
> Der eine machte was in den Sand.
> Da sagte der andere: Siehste!
> Ein Ka(c)ktus in der Wüste.

Bei Robert Gernhardt kommt der folgende vor, unter der
Überschrift *Idylle*:

> Zwei Knaben gingen durch das Korn,
> Der andere blies das Klappenhorn.

Er konnt es zwar nicht ordentlich blasen,
Doch blies er's wenigstens einigermaßen.

Als Autor führt Gernhardt den Göttinger Notar Friedrich Daniel an. Redakteur und Leser der *Fliegenden Blätter*, wo die Klapphornverse erschienen. Sie fügten eine lang anhaltende Welle von Nachahmungen hinzu.

Zwei Knaben gingen durch das Korn.
Der andere hinten, der eine vorn.
Doch keiner in der Mitte,
Man sieht – es fehlt der dritte.

Zwei Knaben gingen an den Strand;
Der andre eine Muschel fand.
Der eene, der fand keene,
Das macht zusammen eene.

Schließlich hat auch Joachim Ringelnatz einen Klapp-hornvers geschrieben.

Die dünne Frau ging durch das Korn,
Da bäumte sich der Rittersporn.
Die dicke Frau, die blies das Klapp-
Erhorn, der Sporn der wurde schlapp.

Und Christian Morgenstern:

Zwei Neger kamen nach Berlin,
Der eine war ein Jüngling grün.

Der andere sagte: Haia!
Was heißt denn nur Possneya?

Wenn ich diesen Nonsense-Reim richtig verstehe, steckt
da das Wort »Poznaesch?« – »Verstehst du?« drin.
Von Karl Valentin stammt schließlich der folgende Vers:

> Zwei Knaben stiegen auf einen Baum,
> Sie wollten Äpfel runterhaun.
> Am Gipfel droben wurd ihnen klar,
> Dass das a Fahnenstange war.

Noch eine Variante aus meinem Gedächtnis, also anonym:

> Zwei Knaben stiegen auf einen Baum,
> Sie wollten beide Äpfel klaun.
> Sie fanden keinen Appel,
> Der Baum, das war 'ne Pappel

Anonym noch folgender im sächsischen Dialekt:

> Zwee Knaben loofen im Galobb,
> Dem eenen reißt ä' Hosenknobb;
> Der andere schreit: »Herjehses!«
> Wo's Knebbchen liegt – wer weses?

Schon Wilhelm Busch, der Erzvater des Comics, der Bil-
dergeschichte, der niedergeknüppelten Reime, war der
erste Meister der Lautmalerei, dessen, was sich später im
Comic als »Ächz«, »Stöhn«, »Boing« markiert.

Ratsch
Puff
Da
Knacks
Schnapp
Ruff-ruff
Knusper-knusper
Diedeldum
Pfüht
Mäh!
Klirr!
Batsch!

Gripsgraps; Brumm brumm.
Pitsch plauz! Klabumm!
Autsch! Bauz! Ha! Hu!
Tak tak: Habuh.
Hopsa, huldje!
Höh, höh, Bäbä!
Schnatteratt Schrapp?
Schlapp-Schlupp? Schwipp-Schwapp?
Ritzeratze
Kritze Kratze …
Husch! Meck, meck, meck
Quarks dreckeckek!
Klirr! Zing! Perdatsch!
Rumbums Radatsch
Rallalala.
Kraha – Kraha –
Haptschih! Habschüh!
Susu. Nu jüh.

Man muss sich nur erinnern, dass Kinder die Welt als Erstes mit Lautmalerei erfassen. Sie nennen die Kuh »Muh-Kuh«, die Ziege »Meckmeck-Ziege«, machen mit dem Esel »I-ah« und mit dem Vogel »Tirilie«. Sie sind stolz, dass sie die Welt mit ihren Ohren erobern und mit ihrem Mund wiedergeben können. Besonders wunderbar hat Wilhelm Busch das mit der Musik in der Bildgeschichte *Die Kirmes* beschrieben. Da treten Musikanten mit dem »Rumbumbass« und dem »Tutehorn« auf, und die Musik hebt an »Tihumptata humptata humptatata! Zupptrudiritirallala rallalala!« ... »Und – holterpolter rumbumbum! – Stößt man die Musikanten um.«

Wilhelm Busch ist der Erste, der das kindliche Chaos des Comics bis zum schadenfroh bösen Ende praktiziert hat.

Neben den Klapphornversen und den auf Wilhelm Buschs Tierleben basierenden Zotigkeiten gibt es eine dritte Quelle der ewig fortgeführten Schweinigeleien. Sie beruht auf dem Studentenlied vom *Wirtshaus an der Lahn*, dessen erste klassische Strophe so geht:

> Es steht ein Wirtshaus an der Lahn,
> Da kehren alle Fuhrleut' an.
> Frau Wirtin sitzt am Ofen,
> Die Fuhrleut' um den Tisch herum.
> Die Gäste sind besoffen.

Nun sind der Gebrauch und das Ausplappern zotiger Fantasien Geschmackssache. Aber für mich tragen die Wirtinnen-Verse zu deutlich die Schmisse der Verbindungsstudenten im Gesicht und damit die herablassende

Zotigkeit der Runden der »alten Herren« und der gemeinsamen Saufereien an den Abenden. (Dass sich die nur unter Männern abspielten, wird dadurch deutlich, dass Feste, zu denen Damen zugelassen wurden, »Damenabende« hießen.) Es ist ein sehr herablassender und im Grunde verächtlich machender Humor. Wie die folgende Strophe beweist:

Lebt' bei Frau Wirtin einst ein Bräutchen,
Das hatte noch das Jungfernhäutchen.
Da kam vom Lande der Cousäng –
Peng!!!

Zu diesem »Peng« fällt mir übrigens ein Dialektwitz aus dem Hessischen ein, der aus der Vor-Pillen-Zeit stammt und folgendermaßen geht:

Die Mutter eines achtzehnjährigen Mädchens
seufzt vor ihrer Nachbarin: »Anner Leute
Kind, jääde Nacht! Mei Emmale, eemal! –
Peng! Und Patsch!«

Eine lautmalerische Tragödie! Neun Monate in zwei Worten!
Wie gesagt: Das sind ausgestorbene Traditionen aus der Zeit, als die Leute in Heidelberg noch auf dem »Trottoir« gingen und in Zürich gar auf die »Lotre cotee« überwechselten. Es war die Wilhelm-Busch-Zeit, der ja Vergnügen auch als »Pläsier« benannte. Und je weniger Pläsier offiziell geduldet war, umso mehr entlud es sich in den Kneipen- und Herrenrunden mit steigendem Alkoholpegel.

Man kann sich diese Männerrunden-Ausgelassenheit so vorstellen, dass sich mit dem gelockerten Schlips auch die Sitten lockerten. Es gibt dazu das sehr gescheite Märchen von Hauff (später im 20. Jahrhundert als Oper von Henze unter dem Titel *Der junge Lord* vertont). Da bereist ein Engländer ein biederes deutsches Städtchen und bringt einen jungen Adligen mit, der all den jungen Mädchen und Damen im Ort sehr wohl gefällt, auch durch seine guten Sitten und seine Spleenigkeit. Dann muss der Oheim dieses Neffen plötzlich verreisen, lässt den jungen Lord zurück und bittet die Gesellschaft, auf eines zu achten: niemals die Krawatte des jungen Mannes zu öffnen und zu lösen. Kaum ist der Onkel verreist, machen sich die jungen Damen einen Spaß und lösen den Schlips. Und bum! erweist sich der angebliche Adlige als ein echter Affe und treibt es auch wie ein solcher.

Letzte Reste dieser Äfferei kann man bei Skatabenden unter Männern erleben. Schon allein die Sprache macht deutlich, was sich da alles nebenbei abspielt. Bei einem Ramsch-Spiel nennt man einen Spieler, der keinen Stich bekommt, »Jungfrau«. Und überhaupt wird jeder gewonnene Zug als »Stich« bezeichnet. Die höchste Karte im deutschen Spiel ist der Bube. Und der »Eichelbube« heißt der »Alte«. Er ist die höchste Karte und sticht deshalb auch den König und die Dame. Hier wiederholt sich am Kartentisch der von Freud beschriebene Aufstand der Urhorde gegen den allmächtigen Vater. Man könnte übertrieben den Buben, der alles sticht, und der »der Alte« genannt wird, der zudem noch durch die »Farbe« Eichel gekennzeichnet ist, als die vollzogene Revolution bei jedem gewonnenen Spiel betrachten. Ich möchte an dieser

Stelle die Vieldeutigkeit der Sprache, die die Zotigkeit erst ermöglicht, noch einmal mit einem Wortspiel aus der Malerei belegen.

Da stehen Besucher vor einem Bild, das eine sanft und selig eingeschlummerte Venus darstellt, eine Hand in Tizian-Manier zärtlich in den Schoß gelegt.
»Wie heißt das Bild?«, fragt einer der bei dem Bild Stehenden, und ein anderer liest: »Junge Frau, nach dem Stich eines alten Meisters.«

Doch zurück zum Kartenspiel. Sowohl das Fäkalische wie das sexuell Deftige, weil Überwältigende, wird da dramatisch belegt. Endet ein Spiel 60-60, sodass der Einzelspieler verloren hat, heißt dieses Ergebnis »Gespaltener Arsch«.
Schon Büchner hat in *Dantons Tod* die Laszivität der Spielkarten-Benennungen beschrieben, und das bezeichnenderweise in einer Szene, die die hedonistische, lasterhafte Seite der Revolution betrifft.

Ich zettelte eine Liebschaft mit einer Kartenkönigin an; meine Finger waren in Spinnen verwandelte Prinzen, Sie, Madame, waren die Fee; aber es ging schlecht, die Dame lag immer in den Wochen, jeden Augenblick bekam sie einen Buben. Ich würde meine Tochter dergleichen nicht spielen lassen, die Herren und Damen fallen so unanständig übereinander und die Buben kommen gleich hintennach.

Doch zurück zum Skat. Da gibt es die »Bockrunden«, die natürlich doppelt zählen, weil sie ja von Böcken veranstaltet werden, da gibt es den streng militärischen »Durchmarsch«, wenn man alle Karten erobert, und das »Null-Spiel«, wo man keine Stiche machen darf, das durch das »Null ouvert« gesteigert wird, wo man keinen Stich bekommen darf, also, wie gesagt, »Jungfrau« bleiben muss. Bei der deutschen Spielkarte der Altenburger sind die »Eicheln« die höchste Farbe. Da heutzutage meist mit französischem Blatt gespielt wird, wo die Farben Kreuz, Pik, Herz und Karo heißen, lässt sich nichts Eichelähnliches entdecken, aber die Männerfantasie weiß Auswege. Wenn jemand ein Karospiel ansagt, sagen die anderen unweigerlich »Ah, Karo! Karittentitten!«, damit es sich zwanghaft auf »Titten« reimen kann.

Ich kann dazu eine Geschichte aus »meinem wahren Leben« beitragen. Als ich Redakteur beim *Spiegel* war, spielte eine Stammbesatzung regelmäßig an den späten Nachmittagen im Kornhauskeller, einem verrauchten, düsteren Bierlokal in einem alten Haus gegenüber dem *Spiegel* an der Brandstwiete, Skat. Das Lokal wurde auch kurz K5 genannt, weil es im *Spiegel* vier Konferenzräume gab, und dies war sozusagen der fünfte. Dort kamen eigentlich nur Männer zusammen, manche brachten ihre Freundin, die nicht ihre Ehefrau war, mit, die durfte zugucken, wurde aber nicht gern gesehen, weil man sich dann jegliches »Karittentitten« und jedes laut gerufene »Gespaltener Arsch!« verkneifen musste.

In späteren Jahren, als allmählich, aber sehr allmählich die Emanzipation den *Spiegel* erreichte, kamen ein paar Frauen, besonders vom Layout oder aus der Verwaltung, zum Skatspielen dazu. Sie erkämpften sich ihre Plätze, indem sie verbal wie beim Kartenspiel besonders kräftig auf den Tisch schlugen, und waren dadurch sehr angesehen. Sonst, wie gesagt, Kartenspiele, wie Witzrunden und Stammtische ein Männerprivileg. Ich hatte nach ein paar Jahren des Alleinlebens eine neue Partnerin, die dem Skatspiel nur Abscheu entgegenbrachte und ihm nichts abgewinnen konnte. Als wir zusammenzogen, schlug sie vor, ob man das nicht abwechselnd zu Hause spielen könnte – jeder gab einmal den Gastgeber und wurde dann von den anderen vier Spielern in der Runde neu eingeladen. Das klappte dann auch mit einer *Stern*-Redakteurin, die gern Karten spielte, und ein paar Rundfunkredakteuren gut. Jedenfalls eine gewisse Zeit. Dann erlosch der häusliche Skat und wurde erst wieder aktuell, als wir es mit den Kindern im Urlaub spielten. Ohne »Karittentitten«.

Mein Sohn, inzwischen erwachsen, hat mir übrigens bestätigt, dass das bei seinen Skatrunden immer noch so heißt. Hier hat die Emanzipation noch eine Aufgabe zu erfüllen.

20. COCA-COLA
IM KALTEN KRIEG

1961 drehte Billy Wilder in Berlin eine Kalter-Kriegs-Komödie. Es ging um eine Coca-Cola-Filiale, deren Chef den Ehrgeiz hatte, den Coca-Cola-Vertrieb in den Ostblock auszuweiten, und der zu diesem Zweck mit Hilfe seiner deutschen Sekretärin, gespielt von der quirligen Lieselotte Pulver im aufregend gepunkteten Kleid, russische Funktionäre durch hüftwackelnde Tänze in einen Sexrausch mit anschließendem Kaufrausch für Coca-Cola versetzen wollte. Die Komödie hatte Pech, denn mitten hinein in die quirlige, viergeteilte Stadt, in der sich die Berliner als von den Amis geschützte Insulaner fühlten, platzte der Mauerbau. Wilder musste den weiteren Filmdreh nach München verlegen und das Brandenburger Tor auf dem Bavaria-Gelände nachbauen lassen. Als der Film fertig war, floppte die überdrehte Komödie, weil sie mit Fernseh- und *Wochenschau*-Bildern konterkariert war, wo man Männer, die der DDR zu entkommen suchten, in der Bernauer Straße verzweifelt aus dem Fenster und in den Tod stürzen sah. Mauerbau und Todesschützen an der Grenze, das vertrug sich nicht mit der Komödie *Eins, Zwei, Drei*.

Als ich später Billy Wilder nach den Gründen des Flops fragte – der Film feierte wenige Jahre vor der Wiedervereinigung eine fröhliche Kultfilm-Renaissance in Studenten- und Programmkinos –, verwies er mich auf einen beliebten Gag des Stummfilmkinos. Er sagte: »Wenn du eine Person auf einer Bananenschale ausrutschen lässt, dann lachen die Leute schadenfroh, wenn sie sich auf den Hintern setzt. Wenn die ausrutschende Person aber nach dem Fall tot oder schwerstverletzt liegen bleibt, lacht niemand mehr.« So weit will Schadenfreude nicht gehen.

Ich muss sagen, dass damals, zu der gleichen Zeit, die Stummfilm- und Slapstick-Komödien, also die Filme Chaplins, Buster Keatons und Harold Lloyds eine riesige Renaissance nicht nur in Kinos hatten, sondern auch in Kultursendungen im Fernsehen zu Reihen zusammengestellt wurden. Komik, das war damals die wiederentdeckte Komik der Slapstick-Komödie, eben der Bananenschale und der Drehtür, aus der man nicht mehr rauskommt, die der *Vertigo*-Ängste, wo Menschen von Hochhäusern und von Uhrwerken herunterzustürzen drohten. Der Slapstick und die Slapstick-Komik garantierten den weichen Fall. Die Opfer waren wie im Comic sozusagen unverwundbar. Immer war ein Sprungtuch bei ihrem Sturz aufgespannt.

Der Mauerbau lieferte kein solches Sprungtuch, die Geschichte stürzte wirklich in eine grausige Todesfalle. Auch das Thema des Coca-Cola-Chefs in Westberlin war gut gewählt. James Cagney, der große Gangster-Darsteller, spielte den pfiffig-geschäftstüchtigen, durchaus auch brutalen Firmenchef der Berliner Filiale. Wilder spielte mit der wunderbar abenteuerlichen Kulisse der Inselstadt, die einer der aufregendsten Plätze der Welt war. Der Chef der Filiale wollte Coca-Cola in die Sowjetunion verkaufen, um seine Karriere als Leiter der Londoner Filiale von Coca-Cola fortzusetzen. London war noch hipper als Berlin, ungeteilt, es war das »Swinging London«. Zurück nach Atlanta in die amerikanische Provinz, was ihm im Falle eines Nichterfolgs gedroht hätte, wollte er keinesfalls. Wilder bezeichnete die Coca-Cola-Zentrale in Atlanta gar als das Sibirien Amerikas. Der gebürtige Wiener, Ex-Berliner der »Roaring Twenties« und Komödienkönig von Hollywood, wusste, wovon er sprach. War er doch schon 1945 als amerikanischer Besatzungsoffizier, der für die Kultur in der amerikanischen Zone verantwortlich war, vorübergehend nach Deutschland zurückgekehrt und hatte die »Frollein«-Schwarzmarkt-Komödie *A foreign affair* mit Marlene Dietrich gedreht.

Eigentlich begann der Kalte Krieg bereits mit dem »D-Day«, also mit der Alliierten-Landung in der Normandie. Von Stalin heiß herbeigesehnt, war eine der Folgen dieser Landung der Kalte Krieg. Denn als die Alliierten Deutschland und Italien niedergerungen und die beiden kapituliert hatten, entstand mitten in Europa und mitten in Deutschland der Eiserne Vorhang, und, vereinfacht gesagt, war das ein Schutzwall gegen den *American Way of Life*, der sich bunt, locker, swingig, jazzig gegen den erstarrten Stalinismus absetzte.

Die Hauptwaffe war – da hatte Wilder schon den richtigen Riecher – Coca-Cola. Coca-Cola gab es im ganzen Ostblock nicht. Coca-Cola war der Renner und der Schlager der amerikanischen Umerziehung. Daneben gab es noch das Kaugummi und die Camel-Zigaretten, die Nylonstrümpfe und die Hershey-Schokolade der westlichen Alliierten. Die westlichen Alliierten bestimmten die Sehnsuchts- und Konsumziele der geschlagenen Deutschen. Coca-Cola wurde zum »Gott sei bei uns!« der antiamerikanischen Propaganda im Kalten Krieg. Über Coca-Cola grassierten folglich bald Schauergeschichten als Flüsterparolen durch die antiamerikanische Szene. Es wurde berichtet, dass Coca-Cola die Bombardierung deutscher Städte finanziert habe, und es wurde kolportiert, dass Coca-Cola den Magen zersetze. Es gab Bilder, wo Coca-Cola im Reagenzglas gesund aussehendes Fleisch in kürzester Zeit in einen fauligen Kadaver verwandelte.

Während des ganzen Krieges gab es Witze gegen Coca-Cola, zum Beispiel den an anderer Stelle zitierten vom Schüler in Sachsen, den die Lehrerin nach Angola fragt, womit sie die portugiesische, im Kalten Krieg propagandistisch und militärisch von beiden Seiten umkämpfte Kolonie meint. Auf diese Frage antwortet Klein Fritz mit sächsisch weichem K: »Angola (an Cola) gönnt isch misch gabuttsaufen.«

Eigentlich hat es dieser Witz, so fade heute sein komischer Nachgeschmack geworden ist, in sich. Er trifft genau den Kulturkampf, der damals herrschte. »Schaut«, sagte die Ostpropaganda, »was die bösen Amis und die anderen westlichen Kolonialmächte in Angola anrichten.« Und der kleine Schüler verstand nur: »Mmm, was wir leider hier nicht zu trinken bekommen, nämlich Coca-Cola.«

Der Westen, das war auch die Coca-Cola- und Zigarettenwerbung. Auch das ist heute im Zeitalter von Red Bull, im Zeitalter der Bionaden und der Fritz-Cola nicht mehr denkbar. Zigaretten werden inzwischen mit faulenden Gliedern beworben, und Coca-Cola ist eines von vielen Getränken, wenn auch immer noch der meistgekaufte Softdrink. Reste des Kulturkriegs haben sich in Kreuzberg, wo der grüne Rebell Ströbele eisern seinen Wahlkreis hält, bewahrt – Coca-Cola gibt es dort nicht. Es ist immer noch das Getränk des Klassenfeindes und des Usurpators und Kolonialherren Westdeutschlands.

Nun also der mir am besten erinnerliche Witz über Coca-Cola:

Da bittet der italienische Vertreter des Coca-Cola-Konzerns (und das im Lande des Chianti und Lambrusco!) beim Papst um eine Audienz. Er sagt, er habe dem Vatikan von seiner Firma einen Vorschlag zu unterbreiten. Die Firma würde 500 Millionen Dollar (das war damals noch viel Geld) für den Heiligen Stuhl spenden, wenn es dieser ermöglichen könnte, den Markennamen Coca-Cola in die Liturgie der Messe aufzunehmen.

Der Papst wiegt bedächtig den Kopf und sagt, die Geldspende wäre sehr schön, er könne sie aber nicht annehmen, die Liturgie könne nicht geändert werden, Werbeblöcke hätten dort keinen Platz.

Der Coca-Cola-Manager in Italien verdoppelt sein Angebot, wieder schüttelt der Papst den Kopf.

Der Vertreter sagt: »Wir könnten uns auch auf 30 Milliarden verständigen.«

Und der Papst sagt: »Es tut mir unendlich leid,
aber es geht wirklich nicht.«
Daraufhin sagt der Coca-Cola-Vertreter:
»Dann habe ich nur noch eine Frage: Wie hat
es Fiat in die Liturgie geschafft?«

Der Witz ist in vielerlei Hinsicht obsolet und veraltet,
denn seit dem vatikanischen Konzil von 1962–65 wird
die Messe nicht mehr auf Latein abgehalten, was ihr die
mystifizierende Entrückung von der Religion im Hoch-
amt des Gottesdienstes mit Weihrauch, gregorianischem
Singsang und eben dem der Kirche vorbehaltenen Latein
bringt. Stattdessen gibt es, zumindest in den Volksspra-
chen, eine Annäherung an Luther und den Protestantis-
mus. Und so versteht auch niemand mehr, wie denn der
italienische Autohersteller Fiat in den Kanon der Messe
gelangt sein könnte. Es ist natürlich ein billiger Sprach-
witz, weil es im Vaterunser, das da noch *Paternoster* heißt,
mit der Zeile »Dein Wille geschehe, wie im Himmel also
auch auf Erden« heißt: »*Fiat voluntas tua, sicut in caelo, et
in terra.*« »Fiat« also: »Es werde, es geschehe« – und
gleichzeitig der Autobauer aus Turin.
Wenn man sich die Konnotation von Coca-Cola weiter
ausmalt, dann war der amerikanischste Drink überhaupt
Cuba libre, der über die damals Quasi-Kolonie Kuba der
Amerikaner kreiert wurde – ich weiß nicht, ob es einer
der Lieblingsdrinks von Ernest Hemingway war, der sich
ja auf Kuba quasi zu Tode getrunken hat. Cuba libre! Als
Fidel Castro die Insel vom amerikanischen Imperialis-
mus für den Sozialismus befreite, gab es Cuba libre auf
Kuba für Amerikaner nicht mehr. Und darüber, könnte

man verkürzt und leicht entstellt sagen, wäre in der Kuba-Krise fast der Dritte Weltkrieg ausgebrochen.

Während ich das schreibe, handelt Kuba gerade mit den USA die Wiederherstellung der diplomatischen Beziehungen aus. Bald wird es dort also auch wieder Coca-Cola geben. Aber dann wahrscheinlich auch Red Bull. Da ich den Witz von der Coca-Cola-Werbung erzählt habe, möchte ich noch einen über die Camel-Werbung anfügen, auch eine Marke, die damals lange vor dem Marlboro-Mann die harten Männer zum Rauchen animierte. Für eine Camel ging man damals meilenweit und riskierte Löcher in den Schuhsohlen der Cowboy-Stiefel, in denen die Jungs am Ziel und endlich die Camel im Mundwinkel auf den Fotos der Werbung steckten. Der Witz geht also so:

In der Wüste war ein Mann meilenweit gegangen, um ein Paket Camel zu gewinnen. Er schwingt sich auf sein Kamel und reitet zurück zu seiner Oase oder zu seiner Gruppenreise. Da hört er eine Geisterstimme zählen: »119, 120, 121 ...«
Er dreht sich um, entdeckt niemanden und reitet weiter. Die Stimme zählt unerbittlich weiter. Da guckt er seinen Hund an, der ihn begleitet, und hört gerade die Zahl »2024, 2025, 2026 ...« und erschießt seinen Hund. Steigt wieder aufs Kamel, reitet weiter, unerbittlich hört er »14 096, 14 097 ...«
Da denkt er: »Egal, ob ich wahnsinnig werde oder hier verende, ich muss die Zahlen zum

Schweigen bringen«, und erschießt sein Kamel. Er setzt sich erschöpft zu Boden, zieht eine Zigarette aus der Packung und liest darauf: »Camel. Es ist der Tabak, der zählt.«

Man kann den Krebs auch mittels dummer Witze erwerben.

21. FRAUEN, DIE DIE HOSEN ANHABEN; MÄNNER, DIE IN FUMMELN SCHUMMELN

Shakespeares schwarz umrandete Komödie *Was ihr wollt* (der englische Titel lautet *Twelfth Night or What you Will* und verweist auf das Dreikönigsfest) spielt auf einem Eiland namens Illyrien. Es ist eine vom Meer und Schiffbrüchen heimgesuchte Küste, an der Seeräuber ebenso stranden wie flüchtige Schiffbrüchige. Auf der Insel herrscht ein schwermütiger, schwarzblütiger, melancholischer Herzog, für den die Musik Nahrung für die Seele ist, um sich über seinen Liebeskummer hinwegzutrösten. Er liebt die Gräfin Olivia, die aber abgeschieden und wie in einem Keuschheitsgürtel eingeschlossen in ihrem Bereich lebt. Der Herzog schickt ihr einen Liebesboten, es ist die als Page verkleidete Viola, die ihrerseits heimlich für den Herzog schwärmt, das aber als Mann verkleidet nicht gestehen kann. Ihre Werbung für den Herzog bei Viola ist vergeblich, dafür aber verliebt sich Olivia in Viola als verkleideten Pagen. Also eine unheilvolle, unlösbare Konstellation. Und doch empfängt sie jetzt den Boten des Herzogs, nicht um den Herzog zu erhören, sondern weil sie sich nach der Nähe des Pagen sehnt.

Die Komödie löst sich nach vielen Verwirrungen, Duellen, Verwechslungen, Missverständnissen in Wohlgefallen auf, weil Viola einen Zwillingsbruder hat, der auch auf Illyrien strandet, und da er wie ein Ei dem anderen der Viola gleicht, wird er als richtiger Mann Gemahl der Gräfin Olivia, und der wieder zurückverwandelte Page bekommt den Herzog. Eben *What you Will, Was ihr wollt* – jeder bekommt das, was er will.

Shakespeares Komödie ist also eine Verkleidungskomödie. Frauen verwandeln sich in Männer, und was das Ganze noch komplizierter macht: Zu Shakespeares Zeit spielten Männer Frauen, sodass Viola ein junger Mann ist, der eine Frau spielt, die sich als Mann verkleidet. Frauen spielten in Shakespeares Stücken erst eine Generation später weiter, und so war es ganz natürlich, dass junge Männer sowohl Männer als auch hübsche Frauen spielten. Eine Frau als Mann nennt man auf dem Theater eine »Hosenrolle«. Spielt ein Mann eine Frau, dann nennt man das eine »Fummelkomödie«. Fummelkomödien sind meist kreischend komisch, Hosenrollen sehr anmutig.

Den Rollentausch der Shakespearezeit, wo Männer Frauen spielten, können wir seit der Barockzeit und dem Rokoko bis heute in der Oper nachvollziehen. Nur eben mit umgetauschter Ausgangslage. In *Figaros Hochzeit* wird Cherubino (von dem Kierkegaard gesagt hat, er sei Don Juan als Knabe) von einer Frau gesungen. Im zweiten Akt verkleidet die Gräfin, die sich von dem kleinen Schäker und Draufgänger gern anhimmeln lässt, den jungen Mann, der von einer Sängerin gespielt wird, in eine junge Frau. Auch hier alles wie bei *Was ihr wollt*, nur

mit umgekehrten Vorzeichen. Noch in Richard Strauss'
Rosenkavalier ist der junge Mann in Wahrheit ein Sopran.
Wenn wir uns vor Augen halten, dass bis zum Barock
zum Beispiel der Vatikan sich nicht scheute, junge Knaben vor dem Stimmbruch zu kastrieren, um ihre hellen
Stimmchen zu erhalten, dann wird klar, wie radikal auch
die Gesangskunst mit den Geschlechtern umzugehen in
der Lage war. Man kann vergröbert sagen: Was der Orient
sich als Haremswächter zurechtschnitzte, hat der Okzi-
dent, das Abendland, der hohen Töne zuliebe mit dem
Messer bewerkstelligt. Treten heute in Komödien und
Filmkomödien Männer in Frauenfummeln auf, also zum
Beispiel in *Charlys Tante*, hat das immer etwas Travestie-
haftes.

Viele moderne Theaterstücke nutzen diesen schrillen Hu-
mor und spielen so ihre überdrehten Gender-Komödien.
Die berühmteste ist wohl *Manche mögen's heiß* von Billy
Wilder, aber auch er hat es in Wahrheit so weit wie Shakespeare getrieben. Die beiden Musiker, Jack Lemmon und
Tony Curtis, müssen sich als Frauen verkleiden, weil sie
Augenzeugen eines Mordes am Valentinstag in Chicago
sind, es ist ein historisch berüchtigter, verbürgter Vorfall
zwischen zwei Alkoholsyndikaten in der Prohibitionszeit.
Die schönste Szene hat Shakespeare'sche Ausmaße. Es ist
die, in der Tony Curtis, der sich als Frau verkleiden muss,
einen Mann spielt, um Marilyn Monroe zu verführen. Er
spielt ihn, indem er er selbst ist. Und doch nicht er selbst.
Hier geht es um Arm und Reich, und er spielt der Monroe
einen Millionär mit Jacht vor, den Millionär schlechthin,
nämlich den Shell-Erben, der sich von der Monroe seine
durch ein tragisches Erlebnis bedingte Frigidität von der

Seele küssen lässt. Er wird geheilt, wo er gar nicht krank ist, und sie muss dann auch den Armen weiterlieben, den Armen, der er in Wahrheit ist, ein filouhafter Saxofonspieler.

Ähnlich wie bei Shakespeare ist dieses Gespinst aus Lügen und Verstellungen so schreiend ernsthaft komisch, weil der Trieb siegt. Shakespeare hätte gesagt: die Liebe. Wilder und sein Drehbuch-Mitautor Diamond hatten in der Tat Shakespeare vor Augen, und sie hatten Glück, dass sie ihr Fummeldrama mit Marilyn Monroe besetzen konnten. Sie sagten sich: Was ist für Zuschauer noch wirksamer, als die Monroe zu verführen? Und sie antworteten sich selbst: sich von ihr scheinbar widerwillig verführen zu lassen, indem man ihr scheinbar Küsse für mildtätige Zwecke (einen Milchfonds) verkauft. Wie es wirklich um Tony Curtis bestellt ist, zeigt sich, als sich nach den ersten Erweckungsversuchen der küssenden Monroe seine Brille beschlägt und dann, wie von magnetischer Gewalt gezogen, das ganze Bein des auf dem Sofa Ausgestreckten nach oben erigiert.

Zurück zu *Was ihr wollt*. Hier werden am Ende alle glücklich, bis auf einen. Das Stück hat nämlich eine Nebenhandlung. Am Hof der Gräfin Olivia ist ihr schmarotzender Onkel, der Junker Tobias Rülp (engl. *Toby Belch*), ebenso mittellos wie versoffen, er lebt fressend und sich des Nachts grölend besaufend am Hof seiner Nichte. Er hat sich den Junker Bleichenwang (engl. *Andrew Aguecheek*) mitgebracht, der so heißt, wie er aussieht, der betucht ist und das ganze Vergnügen und die ganzen vergnügten Saufereien und Lärmereien bezahlt und dem Toby vorgaukelt, er würde ihm die schöne Olivia als Braut

verschaffen. Olivia hat nun auch noch einen Haushof-
meister, Malvolio. Er ist, so kann man mit Fug sagen, die
komischste tragische und die tragischste komische Figur
der Weltliteratur. Olivia lässt ihn die grölenden Kumpane
Bleichenwang und Rülp ermahnen, sich anständiger zu
benehmen, sonst müsse er sie rauswerfen. Das gefällt den
beiden nicht, und sie machen sich eine Magd, Jungfer
Maria, zur Verbündeten gegen den griesgrämigen Malvolio. Sie wollen Malvolio also einen Streich spielen und ihn
gleichzeitig bei seiner Herrin lächerlich und unmöglich
machen.

Die Komik ist die eines Aprilscherzes, eines Schulschaber-
nacks. Die Magd kann die Schrift ihrer Herrin nach-
ahmen, und so setzen sich die drei, die beiden Säufer und
die fröhliche Dienstmagd, zusammen und lassen die Gräfin einen Brief an Malvolio schreiben, des Inhalts, sie sei
verliebt in ihn, und wenn er auch in sie verliebt sei, solle
er ihr das bei der nächsten Begegnung zeigen. Er solle
sich gelbe Strümpfe anziehen – sie wissen, dass die Gräfin
nichts mehr hasst als gelbe Strümpfe –, ein blödes Grinsen aufsetzen und sie ständig anlächeln.

> Und um dich an das zu gewöhnen, was du
> Hoffnung hast zu werden, wirf deine demütige
> Hülle ab und erscheine verwandelt! Sei wider-
> wärtig gegen einen Verwandten, mürrisch mit
> den Bedienten; laß Staatsgespräche von deinen
> Lippen schallen; lege dich auf ein Sonderlings-
> betragen. Das rät dir die, so für dich seufzt.
> Erinnre dich, wer deine gelben Strümpfe lobte
> und dich beständig mit kreuzweise gebundnen

Kniegürteln zu sehen wünschte. (...) Wenn du
meine Liebe begünstigst, so laß es in deinem
Lächeln sichtbar werden. Dein Lächeln steht
dir wohl, darum lächle stets in meiner Gegenwart, ich bitte dich!

Die Verschwörer verstecken sich später in den Büschen,
um Zeugen der Begegnung Malvolios mit seiner Herrin
zu werden. Die Komik, die Shakespeare hier bei seinen
Zuhörern und Zuschauern erzeugt, ist die Komik der
Schadenfreude. Es ist im Prinzip dasselbe Vergnügen, nur
unendlich potenziert, wie wenn man jemanden auf einer
Bananenschale ausrutschen sieht. Die Schelme, die Malvolio reinzulegen trachten, machen den Zuhörer und Zuschauer zu Komplizen. Wir wollen uns genauso darüber
delektieren wie sie aus Rache, wir tun es aus Schadenfreude. Und wir tun es mit der Überlegenheit der Besser-
wisser. Wir sind im Unterschied zu Malvolio über die
Wahrheit informiert. Wir warten mit großem Spaß, wie
er in die Falle tappt, die ihm da gestellt wird. In einer berühmten Berliner Aufführung mit Kortner saßen die drei,
während Malvolio erst stolzierend die ihm zugedachte
Rolle eitel vortrug und dann auch brav nach Drehbuch
spielte, in Büschen, die vor Lachen bebten. Das Publikum
folgte ihnen begeistert, Malvolio war der wunderbare
winzige Komiker Curt Bois.
Die gleiche unbändige Schadenfreude empfinden wir bei
Manche mögen's heiß. Auch hier wissen wir, dass Tony
Curtis kein Millionär ist und auch keineswegs frigide,
sondern ein Saxofon spielender Schürzenjäger. Und wir
freuen uns, dass er die Monroe reinlegt, und aufgelöst

wird das Ganze zusätzlich noch dadurch, dass die beiden am Schluss wirklich als Liebespaar gemeinsam vor der Alkoholmafia fliehen.

Shakespeare geht nicht so gnädig mit seinem Malvolio und seinen Zuschauern um. Am Schluss ist Malvolio in die Zwangsjacke versetzt, weil ihn die Gräfin für wahnsinnig hält, und er verliert wirklich den Verstand. Shakespeare kann in dem Witz auch noch die Scham über unsere Schadenfreude unterbringen. Die Komödie lässt den armen Tropf neben all den glücklichen Paaren nicht nur im Regen stehen, sondern tunkt ihn in die Traufe des Wahnsinns.

Shakespeares großartige Komik unterscheidet sich nur durch einen winzigen Schritt von der Tragödie: Er hat es auf die Formel gebracht, dass man den Busch für einen Bären hält in der Nacht, wenn alle Geister los sind. Das ist komisch. Wenn man aber den Bären für einen Busch hält, dann ist das tragisch.

Eine der schönsten Chaplin-Komödien, die erst spät in den Sechzigerjahren wiederentdeckte Filmkomödie *Zirkus*, spielt geradezu genial mit dieser Verwechslungskomik. Chaplin hat da eine große Löwennummer, bei der er mutig sogar seinen Kopf in das Maul des Löwen steckt, weil er weiß, dass es sich nur um mit Schauspielern ausgestopfte Löwen handelt. Aber wie wird das Ganze für ihn schrecklich, als er merkt, dass ihn seine Kollegen in einer Vorstellung mit den echten Löwen zusammengesperrt haben! Nun zittert er ernsthaft um sein Leben, und das ist noch schrecklicher komisch – vor allem, da Chaplin am Ende doch unbeschadet überlebt.

STATT EINES NACHWORTS: MENSCHLICHES, ALLZU MENSCH- LICHES, TIERISCHES, BESTIALISCHES

In der *Charlie-Hebdo*-Ausgabe, die nach der Ermordung der Redakteure und Karikaturisten im Januar 2015 in Millionenhöhe erschien, sitzen auf einer Zeichnung drei grimmig und verdrossen dreinblickende Terroristen. (Es sind die Mörder aus der Redaktion und der Mörder aus dem jüdischen Kaufhaus.) Sie sind im Paradies angekom- men und fragen nach, wo denn die siebzig Jungfrauen seien. Hinter einer Wolke ist offensichtlich eine sexuelle Orgie im Gang. Kleider fliegen hoch, nackte Arme und Beine werden sichtbar, und es kommt die Antwort: »Bei der Belegschaft von *Charlie*, ihr Flaschen!«

Früher hätte man diesen bitteren Cartoon Galgenhumor genannt, heute kann man von Kalaschnikow-Humor re- den, mit Blut statt mit dem Bleistift gezeichnet. Aller- dings: Mohammed wird auf dem Bild nicht beleidigt, sondern lediglich seine schusswütigen Vollstrecker. Und es wird ein besonders mörderischer Bestandteil des isla- mischen Glaubens charakterisiert, nämlich der Glaube an die paradiesische Belohnung durch Defloration einer großen Anzahl jungfräulicher Bräute im Himmel. In der Trauer waren sich alle einig, auch die Vertreter Saudi-

Arabiens trauerten offiziell um die ermordeten Redakteure und Karikaturisten. Mit dem Islam habe das nichts zu tun, hieß es allenthalben. Einen Tag später wurde bekannt, dass der Blogger Raif Badawi in Saudi-Arabien zu tausend Peitschenhieben verurteilt worden war, weil er in seinem Internet-Blog für die Trennung von Religion und Staat plädiert hatte. Tausend Peitschenhiebe. Die ersten fünfzig wurden ihm sofort verabreicht, danach kam er ins Krankenhaus. Die zweiten fünfzig eine Woche später, wurden verschoben, doch dann soll es weitergehen, bis die tausend voll sind. Er wird diese Strafe nach der Scharia wohl nicht überleben, wenn die Welt nicht in der Lage ist, der Regierung von Saudi-Arabien Einhalt zu gebieten. Makabre Witze wie diese leistet sich eigentlich nur die Wirklichkeit, und man könnte sagen, dass die Attentate und Bestrafungen, die Köpfungen durch den IS und Boko Haram, die jetzt wieder einen Ort, eine Stadt dem Erdboden gleichgemacht haben, Kinder in den Kriegsdienst gepresst und Mädchen zwangsverheiratet haben, solche blutigen Satiren der Wirklichkeit sind. Eigentlich wäre das, wenn man scharf nachdenkt, ein Beweis gegen die Existenz Gottes. Denn wenn er so etwas zulässt, kann es ihn nicht geben. Stendhal hat das mit dem bitteren Bonmot umschrieben: »Die einzige Entschuldigung Gottes ist, dass er nicht existiert.«

Seit der Aufklärung und der Französischen Revolution gibt es Beweise der Nichtexistenz Gottes. Im Gefängnis auf die Hinrichtung durch die Guillotine wartend, sagt Payne etwa:

Kann Gott nur was Unvollkommenes schaffen, so lässt er es gescheiter ganz bleiben. Schafft das Unvollkommene weg, dann allein könnt ihr Gott demonstrieren. Spinoza hat es versucht. Man kann das Böse leugnen, aber nicht den Schmerz; nur der Verstand kann Gott beweisen, das Gefühl empört sich dagegen. Merke dir es, Anaxagoras, warum leide ich? Das ist der Fels des Atheismus: Das leiseste Zucken des Schmerzes, und rege es sich nur in einem Atom, macht einen Riss in der Schöpfung von oben nach unten.

Auch Schopenhauer hat einen negativen Gottesbeweis aus dem Zustand der Natur und der Welt abgeleitet:

> Die traurige Beschaffenheit einer Welt, deren lebende Wesen dadurch bestehen, dass sie einander auffressen, ist ehrlicherweise nicht damit zu vereinen, dass sie das Werk vereinter Allgüte und Allmacht sein sollten.

Man könnte sagen, allein der Zustand der Natur, in der jeder jeden frisst und jeder von jedem gefressen wird, vom Hai und Tiger bis zur Amöbe und Bakterie, widerspricht einem Gott, von dem es heißt, dass ohne seinen Willen kein Spatz vom Himmel fällt.

Der Witz weiß um diese Beschaffenheit der Welt und macht sie im Lachen erträglich. Ich denke an die schon früher zitierten Tiergedichte von der *Made*, der Heinz Erhardt eine rührselige Mutter-Tochter-Tragödie gewidmet hat und die wir beweinen, während wir sie in der Wirklichkeit doch durch Pestizide auf das Gründlichste auszurotten suchen. Oder an die beiden tapferen *Ameisen* von Ringelnatz, die auf Weltreise gehen und die wir uns in Wahrheit nur als ein winziges Teilchen in einem Staat vorstellen, der aus Tausenden Ameisen besteht, die als Termiten ganze Wälder zwischen ihren Backen zerknacken und die wir natürlich mit Feuerwasser und Gift auszurotten trachten. Oder denken wir an die Bienen, die wir um ihren Honig bringen und nur deshalb lieben, weil sie den produzieren, während wir die ihnen verwandten Wespen, die unser Fleisch und unseren Salat mitfressen wollen, gnadenlos vernichten. Wilhelm Buschs Geschichte von *Schnurrdiburr oder die Bienen* macht das sehr deutlich.

Auch die rührselige Geschichte von der *Biene Maja* hat eigentlich zur Heldin das winzigste Glied in diesem Kollektiv, nämlich die Arbeiterbiene. Niedrigste Tiere werden zu Balladen-Helden. Übrigens hat Franz Kafka sich selbst in der schaurig-komischen *Verwandlung* als Ungeziefer beschrieben, das mit der Kehrschaufel beseitigt wird.

Es gibt einen wunderbaren Sketch von Karl Valentin über einen Traum. Da weckt Liesl Karlstadt Karl Valentin, und der sagt, sie wecke ihn gerade auf, wo er doch so etwas Schönes geträumt habe. »Ich hab geträumt, ich wär a Anten« (Ente), und er habe gerade am Ufer einen Wurm gefunden und verspeisen wollen. Liesl Karlstadt meint, da solle er doch dankbar sein, dass sie ihn geweckt habe, das sei doch kein schöner Traum. Darauf sagt Karl Valentin: »Ja, für a Anten scho.« Das heißt: Fressen und gefressen werden sind eine Frage der Perspektive, und Geschmäcker sind verschieden.

Das wunderschöne Lied vom *Maskenball der Tiere*, das Valentin sicher auf den Spuren von Wilhelm Buschs *Naturgeschichtlichem Alphabet* geschrieben hat und nach der Melodie *Ein Vogel wollte Hochzeit halten* mit »Fiderallala« beendet, beschreibt Tiere, die wie Menschen essen, und zeigt uns dabei als Allesfresser. »Der Rabe, der Rabe / Fraß d' Suppn mit der Gabe« – reim dich, oder ich fress dich, kann man da nur zur Gabel sagen. »Die Giraffe, die Giraffe / Die fraß a Schokoladwaffe.« Auch hier ist das L der Waffel dem Reim zum Opfer gefallen. »Die Schlange, die Schlange / Aß eine Blutorange.« »Orongsche« – »Orange« gesprochen. Und nun wird's fleischfresserisch: »Das Eidachsel, das Eidachsel / Das fraß a abbräunts Schweinshaxel.« Enthaltsam zeigen sich Gnu und Auerochs. »Das Gnu, das Gnu / Das hatte schon genu.« Und »Der Auerochs, der Auerochs / Der aß nicht auf und frug ›Wer mog's?‹«« Sehr vornehm und exquisit das Dromedar: »Das Dromedar, das Dromedar / Aß zur Verstärkung Kaviar.« Und schließlich: »Das Lama, das Lama / Das fraß zuletzt alls zamma.« Natürlich gibt es auch Erkenntnisse über das Ess-Benehmen. So heißt eine Zeile: »Das Schwein, das Schwein / Das war auch hier ein Schwein.« Und zum Schluss setzt Valentin diesem göttlichen Geblödel und Gereime über die Fresserei noch die Quintessenz auf: »Dass der Gesang nur Unsinn war / Das wird zum Schlusse jedem klar.«

Jetzt, wo auf der Welt und vor allem in deutschen Küchen und Restaurants das Veganertum ausgebrochen ist, habe ich den folgenden Stoßseufzer eines hartnäckigen Fleischfressers gefunden, mit dem ich diesen philosophischen Exkurs über Fressen und Gefressenwerden beenden möchte.

> Sagt der Fleischesser: »Ich ess doch kein Gemüse und keinen Salat, ich fress doch meinem Steak nicht alles weg!«

Der Witz, wie gesagt, vermag nicht nur wie ein entfesselter Dadaist den Bogen vom Erhabenen zum Lächerlichen zu spannen, sondern auch vom Sinn zum reinen Unsinn, und von der Allesfresserei bis zum Vegetariertum. Es war kein Geringerer als Franz Kafka, der Vegetarier wurde – wohl auch, weil sein Vater der Sohn eines Schlachters war und mit Wonne Fleisch verzehrte – und der einmal in seinen Tagebüchern erschrocken feststellte, dass Menschen, die Fleisch essen, zu allem fähig sein könnten.
Wir haben uns daran gewöhnt, das Menschliche als einen Gegensatz zum Tierischen und Bestialischen zu nehmen. Aber Nietzsche hat den Menschen als Raubtier beschrieben, in dem tausend Raubtiere schlummern. So reicht auch der Witz vom Schrecklichen zum Banalen, vom Kindlichen und Kindischen bis zum Bestialischen. Zu Zeiten, wo Witze tödlich waren und zu tödlichen Konsequenzen führten, gab es den folgenden Auschwitz-Witz:

> Der Lagerkommandant sagt zu einem Häftling: »Ich habe ein Glasauge, wenn du herausfindest, welches von beiden das Glasauge ist, bekommst du eine Zusatzration Brot.«

Darauf der Häftling, nachdem er dem Kom-
mandanten ins Gesicht geschaut hat: »Das
linke Auge, Herr Kommandant, das linke.«
Darauf der Kommandant verblüfft: »Wie hast
du das herausgefunden?« Darauf der Häftling:
»Es blickt so menschlich.«

Was haben die eingangs beschriebene *Charlie-Hebdo*-
Karikatur und der Witz vom jüdischen Lagerkomman-
danten gemeinsam? Zunächst einmal sind beide nach-
haltige und doch erschreckende Beispiele dafür, wie die
Zeitgeschichte sich in Witzen niederschlägt. Ganz sicher
wird die Karikatur Menschen noch lange daran erinnern,
aus welchem furchtbaren Grund sie entstanden ist, und
die Witze über die Judenvernichtung durch die Nazis,
über die Konzentrationslager und die Flucht und Aus-
wanderung nach dem Ende des Schreckens sind feste
Bestandteile auch der Kulturgeschichte. Sie bilden eine
eigene Gattung innerhalb des jüdischen Witzes, wie die
»Schadchen«-Witze, die Schnorrer-Witze, die Religions-
Witze, Moses-Witze und Zugreise-Witze, und gehören so
untrennbar zur jüdischen Erinnerungskultur.
Und die Karikatur? Auch sie steht längst in einer traurigen Tradition – nämlich der der Terrorisierung ihrer
Urheber. Der Erste, der das zu spüren bekam, war der
dänische Zeichner Kurt Westergaard.
Man sagt, gegen Gewalt kann der Witz nur verlieren.
Selbst die Schwejk-Haltung des scheinbaren Einverständ-
nisses, das aber zur Sabotage der Befehle genutzt wird, hat
sich, siehe Brechts Theaterversuch, nicht bewährt. Im KZ
findet ein Dialog um den Gegenstand des Witzes nicht

mehr statt. Der Witz und die Karikatur müssen sich also mit dem Inhalt gemein machen. Beide müssen scheinbar mit den Wölfen heulen, um sie zu erlegen. Und sie dann aus dem Inneren mit der Pointe zu treffen. Furchtbar ist, dass manchmal nur die Pointe überlebt.

Witze zu erzählen und Karikaturen zu zeichnen ist in barbarischen Zeiten oft lebensbedrohlich für den Erzähler und den Zeichner. Auch daran erinnert der tradierte, der erzählte Witz.

QUELLENNACHWEIS

Friedrich Daniel: *Idylle*. Friedrich Daniel: Zeitschrift
»Fliegende Blätter« 1878. Erschienen in: Klaus Cäsar
Zehrer/Robert Gernhardt (Hrsg.): Hell und Schnell.
555 komische Gedichte aus 5 Jahrhunderten.
© 2004 S. Fischer Verlag, Frankfurt am Main, S. 389

Heinz Erhardt: *Der Tauchenichts* und *König Erl*, aus:
Das große Heinz Erhardt Buch, 2009 Lappan Verlag,
Oldenburg

Greser & Lenz: *50 Jahre Türken in Deutschland: Eine
Erfolgsgeschichte*. F.A.Z./Greser & Lenz

Dieter Hildebrandt: *Der Mond ist aufgegangen*.
© Dieter Hildebrandt

Dieter Höss: *Lied des Astronauten*, in: Schwarz Braun
Rotes Liederbuch, 1967 Lübbe, Bergisch Gladbach

Alfred Kerr: *Nächtlich über dem Gebeinfeld*.
Alfred Kerr/Berliner Tageblatt

Karl Valentin: *Zwei Knaben stiegen auf einen Baum*, in:
Karl Valentin: Sämtliche Werke, Bd. 2 Couplets
© 1994 Piper Verlag GmbH, München